任正非：
致新员工书

易小冬◎著

LETTERS TO NEW EMPLOYEES

深圳出版社

图书在版编目（CIP）数据

任正非：致新员工书 / 易小冬著． — 深圳 ：深圳
出版社，2018.6（2025.2重印）
（任正非华为管理精华系列）
ISBN 978-7-5507-2213-2

Ⅰ．①任… Ⅱ．①易… Ⅲ．①通信企业－企业管理－
职工培训－经验－深圳 Ⅳ．①F632.765.3

中国版本图书馆CIP数据核字（2023）第026017号

任正非：致新员工书
RENZHENGFEI: ZHI XINYUANGONG SHU

出 品 人　聂雄前
责任编辑　张绪华　杨华妮
责任技编　陈洁霞
封面设计　元明·设计

出版发行　深圳出版社
地　　址　深圳市彩田南路海天综合大厦（518033）
网　　址　www.htph.com.cn
订购电话　0755-83460397（批发）　83460239（邮购）
设计制作　深圳市知行格致文化传播有限公司　Tel：0755-83464427
印　　刷　深圳市希望印务有限公司
开　　本　787mm×1092mm　1/16
印　　张　17
字　　数　250千
版　　次　2018年6月第1版
印　　次　2025年2月第7次
定　　价　58.00元

致新员工书

文 / 任正非

您有幸加入了华为公司，我们也有幸获得了与您合作的机会。我们将在相互尊重、相互理解和共同信任的基础上，与您一起度过在公司工作的岁月。这种尊重、理解和信任是愉快地进行共同奋斗的桥梁与纽带。

华为公司不单需要有高层次、高素质的科技人才和管理人才，同时还必须有一个能被这些人才认同的价值体系，这就是说要建立一种共同拥有的企业文化。华为的企业文化是建立在民族优良传统文化基础上的企业文化，同时，这种文化是开放的、包容的，不断吸纳世界上好的优良文化和管理的。如果把这种文化封闭起来，以狭隘的民族自尊心，狭隘的华为自豪感，狭隘的自我品牌意识为主导，排斥别的先进文化，那么华为一定会失败的。这种企业文化黏合全体员工团结合作，走群体奋斗的道路。有了这个平台，你的聪明才智方能很好发挥，并有所成就。没有责任心，缺乏自我批判精神，不善于合作，不能群体奋斗的人，等于丧失了在华为进步的机会。那样您会空耗了宝贵的光阴，还不如在试用期中，重新决定您的选择。进入华为并不意味着高待遇。对新来的员工，因为没有考评记录，起点较低，晋升也许没有您期望得那么快，为此深感歉意。

公司管理是一个矩阵系统，运作起来就是一个求助网。希望你们成为这个大系统中一个开放的子系统，积极、有效地既求助于他人，同时又给予他人支援，这样您就能充分地利用公司资源，您就能借助别人提供的基础，吸取别人的经验，很快进入角色，很快进步。求助没有什么不光彩的，事情做不好才不光彩，求助是参与群体奋斗的最好形式。如果封闭自己，怕工分不好算，想单打独斗，搞出点名堂来，是万万不可能的。就算您搞出来，也需要较长时间，也许到那时，你的工作成果已没有什么意义了。实践是您水平提高的基础，它充分地检验了您的不足，只有暴露出来，您才会有进步。实践再实践，尤其对青年学生十分重要。只有实践后善于用理论去归纳总结，才会有飞跃的提高。要摆正自己的位置，不怕做小角色，才有可能做大角色。有一句名言："没有记录的公司，迟早是要垮掉的！"多么尖锐。一个不善于总结的公司会有什么前途，个人不也是如此吗？

我们崇尚雷锋、焦裕禄精神，并在公司的价值评价及价值分配体系中体现：绝不让雷锋们、焦裕禄们吃亏，奉献者定当得到合理的回报。

我们呼唤英雄，不让雷锋吃亏。雷锋精神与英雄行为的核心本质就是奋斗和奉献。在华为，一丝不苟地做好本职工作就是奉献，就是英雄行为，就是雷锋精神。

实践改造了人，也造就了一代华为人。"您想做专家吗？一律从基层做起"，这在公司已经深入人心。进入公司一周以后，博士、硕士、学士以及在原工作单位取得的地位均消失，一切凭实际能力与责任心定位，对您个人的评价以及应得到的回报主要取决于您实干中体现出来的贡献度。在华为，您给公司添上一块砖，公司给您提供走向成功的阶梯。希望您接受命运的挑战，不屈不挠地前进，您也许会碰得头破血流。但不经磨难，何以成才！在华为改变自己命运的方法，只有两个：一、努力奋斗；二、做出良好的贡献。

公司要求每一个员工，要热爱自己的祖国。热爱我们这个刚刚开始振兴的民族。只有背负着民族的希望，才能进行艰苦的搏击，而无怨无悔。我们总有一天，会在世界舞台上，占据一席之地。无论任何时候、无论任何地点都不要做对不起祖国、对不起民族的事情。要模范遵守国家法规和社会公德，要严格遵守公司的各项制度与管理规范。对不合理的制度，只有修改以后才可以不遵守。任何人不能超越法律与制度，不贪污、不盗窃、不腐化。严于律己，帮助别人。

您有时会感到公司没有您想象的公平。真正绝对的公平是没有的，您不能对这方面期望太高。但在努力者面前，机会总是均等的。要承受得起做好事反受委屈，"烧不死的鸟就是凤凰"，这是华为人对待委屈和挫折的态度和挑选干部的准则。没有一定的承受能力，今后如何能挑大梁？其实一个人的命运，就掌握在自己手上。生活的评价，是会有误差的，但绝不至于黑白颠倒，差之千里。要深信，在华为，是太阳总会升起，哪怕暂时还在地平线下。您有可能不理解公司而暂时离开，我们欢迎您回来。您更要增加心理的承受能力，连续工龄没有了，与同期伙伴的位置差距拉大了。我们相信您会加步赶上，但时间对任何人都是一样长的。

世上有许多"欲速则不达"的案例，希望您丢掉速成的幻想，学习日本人踏踏实实、德国人一丝不苟的敬业精神。现实生活中能把某一项技术精通是十分难的。您想提高效益、待遇，只有把精力集中在一个有限的工作面上，不然就很难熟能生巧。您什么都想会、什么都想做，就意味着什么都不精通，做任何一件事对您都是一个学习和提高的机会，都不是多余的，努力钻进去，兴趣自然在。我们要造就一批业精于勤、行成于思，有真正动手能力和管理能力的干部。机遇偏爱踏踏实实的工作者。

公司永远不会提拔一个没有基层经验的人做高层管理者。遵循循序渐进的原则，每一个环节对您的人生都有巨大的意义，您要十分认真地去对待现在手中的任何一件工作，十分认真地走好职业生涯的每一个台阶。您要尊重您的直接领导，尽管您也有能力，甚至更强，否则将来您的部下也不会尊重您，长江后浪总在推前浪。要有系统、有分析地提出您的建议，您是一个有文化者，草率的提议，对您是不负责任，也浪费了别人的时间。特别是新来者，不要下车伊始，动不动就哇啦哇啦。要深入、透彻地分析，找出一个环节的问题，找到解决的办法，踏踏实实地一点一点地去做，不要哗众取宠。

公司建立了各级管理团队，在高层开放民主。在公司的授权下，各级部门首长办公会议负责日常运行的管理。部门首长办公会议是实行权威制，一旦决定了要坚决执行，有不同意见可以反映，但必须服从它的决定以及快速反应。

公司管理决策的原则是从贤不从众。管理的原则是集体负责制。这种建立在统一经营管理理念基础上的民主决策和权威管理的经营管理体制，有利于防止一长制的片面性，在重大问题上，发挥了集体智慧。这是公司成立十年来没有摔大跟头的因素之一。民主讨论还会进一步扩展，权威管理的作用也会进一步加强，这种民主、集中的管理，还需长期探索，希望您成为其中一员。

为帮助员工不断超越自我，公司建立了各种培训中心，培训很重要，它是贯彻公司战略意图、推动管理进步和培训干部的重要手段，是华为公司通向未来、通向明天的重要阶梯。你们要充分利用这个"大平台"，努力学习先进的科学技术、管理技能、科学的思维方法和工作方法，培训也是你们走向成功的阶梯。当然您想获得培训，并不是没有条件的。

　　物质资源终会枯竭，唯有文化才能生生不息。一个高新技术企业，不能没有文化，只有文化才能支撑它持续发展。华为的文化就是奋斗文化，它的所有文化的内涵，都来自世界的、各民族的、伙伴的，甚至来自竞争对手的先进合理的部分。若说华为有没有自己的核心文化，那就剩下奋斗与牺牲精神算我们自己的吧！其实奋斗与牺牲精神也是从别人那里抄来的。有人问我，您形象地描述一下华为文化是什么。我也不能形象地描述什么叫华为文化，我看了电影《可可西里》，以及残疾人表演的《千手观音》后，我想他们的精神就叫华为文化吧！对于一个新员工来说，要融入华为文化需要一个艰苦过程，每一位员工都要积极主动、脚踏实地地在做实的过程中不断去领悟华为文化的核心价值，从而认同直至消化接纳华为的价值观，使自己成为一个既认同华为文化，又能创造价值的华为人。只有每一批新员工都能尽早地接纳和弘扬华为的文化，才能使华为文化生生不息。

　　华为文化的特征就是服务文化，谁为谁服务的问题一定要解决。服务的涵义是很广的，总的是为用户服务，但具体来讲，下一道工序就是用户，就是您的"上帝"。您必须认真地对待每一道工序和每一个用户。任何时间，任何地点，华为都意味着高品质。希望您时刻牢记。

　　华为十几年来铸就的成就只有两个字——诚信，诚信是生存之本、发展之源，诚信文化是公司最重要的无形资产。信息安全关系着公司的生死存亡。员工在参与公司产品研发、生产、销售等过程中，一是不要侵犯了别人的知识产权，二是不要将公司的智力资产泄漏出去甚至据为己有。诚信和信息安全作为对每个员工的最基本要求，任何人只要违反，都必将受到处罚。

业余时间可安排一些休闲，但还是要有计划地读些书，不要搞不正当的娱乐活动，为了您成为一个高尚的人，望您自律。

我们不赞成您去指点江山，激扬文字。我们以"产业报国"的方式去关心、去爱自己的国家。目前，国家政治稳定、经济繁荣，这就为企业的发展提供了良好的社会环境，我们要十分珍惜。21世纪是历史给予中华民族一次难得的振兴机会，机不可失，时不再来。"21世纪究竟属于谁"，这个问题的实质是国力的较量，国际间的竞争归根到底是在大企业和大企业之间进行。国家综合国力的增强需要无数大企业组成的产业群去支撑。一个企业要长期保持在国际竞争中的优势，唯一的办法便是拥有自己的竞争力。当华为拥有知识产权的产品以强劲的竞争力冲出亚洲，走向世界的时候，它代表着一个国家向全世界展示：中国不但过去曾经是文化科技大国，今天、明天、后天……还会再创辉煌。

希望您加速磨炼，茁壮成长，我们将一起去托起明天的太阳。

作为一家无背景、无资源、缺资本的民营企业，华为将西方众多百年巨头纷纷斩落马下，它被众多跨国对手视作"东方幽灵"。将近30年来华为从一张白纸变为世界级高科技企业，成为中国企业的标杆。

华为缴纳的利税比国内所有IT企业缴纳的总和还要多得多，是国内销售额和利润最大的民营企业。社会对华为公司的评价是这样的："全球最具创新的公司是苹果，中国最具创新的公司是华为。"

华为发展到今天，成为世界500强，令全世界都感到害怕，殊为不易；而华为作为一家民营企业，在艰难的环境中实现迅猛生长，更有诸多值得学习和借鉴的地方。中国企业爱学习，先是向西方企业学习，如今也开始学习国内的标杆企业，这是令人欣喜的。

华为一有新故事，大家津津乐道；任正非每有新文章，必定广为流传。有关华为的培训课程，始终是企业培训市场上的热门产品。但令人奇怪的是：真正学到华为精髓的企业似乎并不多见。

问题在于：华为的哪些方面和做法"学不会"？为什么"学不会"？

任正非曾这样说："华为的成功在什么地方，就是经营人的成功。"

每个新员工都满面春风跨进华为这扇大门，人人的心情又各不一样，有摩拳擦掌想干一番事业的，有忐忑不安左顾右盼的，有对华为文化认同并准备融入的，也有并不真正理解而随大溜的……这些都不重要，不管新员工是抱着什么心情来华为，只要想真正干点事业，有那么多人在一起，通过自己的努力，也一定会找到成功之路的。

《任正非：致新员工书》凝聚了华为公司最新管理成果与思想精华，对备受追捧的华为员工内训课进行了全方位的解读，本书将讲述新员工如何做才能迅速脱去职场菜鸟的身份，与老员工一较高下。

本书可作为新员工培训课程使用。对于任何一个致力于追求自我管理效率的人，以及任何一个想做优秀员工的人来说，这本书将会为您带来最大的提升。

目 录 CONTENTS

第 **1** 章

华为初始逻辑：
以奋斗者为本

CHAPTER 1

　　华为是一个大环境，新员工要尽快适应这个环境，要削足适履，否则会不时感到别扭，不能发挥自己的作用，不能释放出自己的光和热。学习它、了解它、认可它，华为尊重人才，但不迁就人才。因此，新员工在进入华为之前，首先需要了解华为的初始逻辑。

第 1 节　要活，大家一起活

1994 年，刚刚加入华为不到两年时间的李杰被调任负责营销工作，任正非在大会上问他："你们一年多能跑多少个县？"李杰拍脑袋回答："500 个吧！"任正非说："那我就按 500 个县定指标，你们去跑。"

于是，10 多个人，开着公司配备的五六台三菱吉普和两台奥迪车，从深圳开赴中国各地的县邮电局，推广华为刚刚研发出来的局用交换机，每个县差不多跑 3 天。每个人跑了四五十个县，用了不到两年时间，一共跑了 500 个县，积累了几尺厚的客户资料……这大概是全球通信制造史上绝无仅有的事例，以至时任邮电部部长吴基传在邮电部的大会上，要求干部们学习华为……

华为的成功，许多人归诸中国政府的支持，实际上，最支持任正非的是 17 万华为员工。因为任正非采用了中国企业中史无前例的奖酬分红制度，约 99% 的股票，都归员工所有，任正非本人所持有的股票只占了约 1%，正是这一举措造就了华为式管理的向心力。

任正非出生于贵州的一个贫寒家庭，家中有 7 个兄弟姐妹，身为老大的任正非，从小就学会要与父母一同扛起责任。高中那年，一家人穷到得去山上挖野草根煮来充饥。偶然得到一个馒头，父母也会切成 9 等份，每个人只有一口，为的是让每个孩子都能活下去。

当时，任正非的父母把粮食存在一个个瓦罐中，没有孩子会去动。即使高三准备高考、饿到受不了的时候，任正非也只会放下书本，自己跑到郊外去采野菜，就着米糠烙成饼吞咽充饥。

"我们家当时每餐实行严格的分饭制，控制所有人欲望的配给制，保证人人都能活下来。不这样，总会有一两个弟妹活不到今天。"任正非回忆，即使每天要辛苦工作十几个小时养活一家人的父母，或是年幼的弟弟、妹妹，从来也不会多吃一口。

"要活，大家一起活！"这个意念从此深植任正非心中，成为他创业后坚持利益共享的基础。

全员持股是股权激励中风险较大的一种，但其收益也是显著的。当时，华为推动全员持股的行为，可以说是"敢为天下先"。它直接成为华为崛起的支柱，时至今日，华为仍然奉行着全员持股这一举措。华为内部股权激励始于1990年，至今已进行了4次大的股权激励。

1998年正式实行的《华为公司基本法》之于华为是一份纲领性和制度性的文件，是华为价值观的总结，代表着任正非本人的管理思想。多年来，内容部分曾做过修订，但涉及员工持股的价值分配章节的内容，一字未动过。

在《华为公司基本法》第一章第四部分第十七条中，可以找到华为关于员工持股的纲领性的陈述：我们实行员工持股制度。一方面，普惠认同华为的模范员工，结成公司与员工的利益与命运共同体。另一方面，将不断地使最有责任心与才能的人进入公司的中坚层。

这个表述契合了合伙人制度中的几个关键概念：一是模范员工；二是利益与命运共同体；三是中坚层。

在分配的时候，企业家应该得多少呢？劳动的这些人又应该得多少呢？这与企业发展的阶段有关系。

第 2 节　天道酬勤，功不唐捐

2007 年 8 月，为转播奥运圣火的采集，中国移动决定在珠穆朗玛峰海拔 5200 米、6500 米处采用华为的设备建设移动通信基站，并要求 11 月底必须开通。珠穆朗玛峰气候恶劣，天气变幻莫测，海拔 5200 米处大气含氧量相当于平原地区的 50%，6500 米处大气含氧量相当于平原地区的 38%。4 位华为人，加上司机，带着特制的御寒衣物、登山专用鞋、拐杖和充足的干粮，开始了"世界屋脊"的艰难跋涉。"头晕、头痛，嘴唇发肿、起泡溃疡，吃不香睡不着是典型的症状"，"同事中有一人连续两天流鼻血"，在海拔 6300 米的营地休息，"恍惚中半夜惊醒，发现头上结的全是冰疙瘩……"

在如此极端恶劣的环境下，经过奋战，华为 3002E 基站于 2007 年 11 月 13 日 13 时成功开通。至此，珠穆朗玛峰全部登山营地和所有登山路线实现移动网络全覆盖，而华为则创建了全球海拔最高的无线基站。

"天道酬勤，功不唐捐"，最重要的是行动。种子会在你意想不到的时间和地点发芽结果。很多问题，不是靠想象就能解决的，你必须亲自去做，在行动中去消除障碍。

华为 Fellow（代表华为公司专业技术人员重大成就的最高称号）孙

立新在华为上海研究所 2013 年新员工大会上这样说道：

"我们的脑袋里总是装着很多想法，心中怀揣着很多理想。100 个人会有 100 种想法和理想。但想法再多、理想再多，最根本的还是在于行动，这与公司倡导的'天道酬勤'是一个道理。'功不唐捐'更平和一些，简单地说，不要总是想着付出就一定要有回报，面对眼前的工作，实实在在去干，付出自己全部的努力，收获自然会有到来的那一天。

"我记得 2002 年，老余（余承东）硬着头皮要去欧洲做实验网。首先碰到的就是专利问题，以前我提到过德国沃达丰替西门子向华为提出警告，要我们签订协议。但为什么爱立信、诺基亚没有提出警告呢？不是他们心地善良，而是我们在还没有去做实验网之前，已与他们签署了专利协议。当时我印象很深刻，临走之前，老余对我说，我们无线专利有很多，把这些都打印出来。

"我打印了全部专利，非常厚的一叠。说实话，当时我们都不懂如何去与别人谈判。在谈判现场，对方一开头就问我们：你们的专利能够与哪个标准对上？而专利不'对上'，协议就没有许可价值。经过了这件事以后，我们才更深刻地知道应该如何更好地去写作专利。2003 年初爱立信终于邀请我们去签署 IPR（知识产权）许可协议，在当时我们是根本想都不敢想以后能与爱立信实现零交叉。我们就是这样经过一年又一年的努力，才达到了今天这个目标。当然，今天爱立信不再与我们签署协议了，之前的协议在去年（2012 年）12 月 31 日到期，我们一直在联络爱立信，希望继续签署，但爱立信不再回应，因为他们知道，一方面是已经收不到我们的钱了，另一方面反而担心因为签署协议的事，我们会拿来在各个适合的机会进行客户宣传，这样的方式，会对他们非常不利。所以，就干脆不签署协议了。

"大家有机会到 3GPP（3rd Generation Partnership Project，第三代合作伙伴计划，成立于 1998 年，由许多国家和地区的电信标准化组织共同组成，是一个具有广泛代表性的国际标准化组织，是 3G 技术的重要制定者）网站下载一些文稿，可以发现华为公司提交的提案和声明的专利数已经超过爱立信。所有这些都表明，只有自己亲自去做，并尽自己最大努力做了，踏实、坚定地走好自己的路，才会等到回报的那一天。功不唐捐，最重要的是行动。"

艰苦奋斗是任正非一直提倡并身体力行的行为准则，是华为创业成功的一大法宝，华为的创业史就是一部华为人的艰苦奋斗史。

任正非在其文章《华为的红旗到底能打多久》中这样写道："华为由于幼稚走上了电子信息产业这条路。当我们走上这条路，没有退路可走时，我们付出了高昂的代价，我们的高层领导为此牺牲了健康。后来的人也仍不断在消磨自己的生命，目的是为了达到业界最佳。沙特阿拉伯商务大臣来参观时，发现我们办公室柜子上都是床垫，然后他把他的所有随员都带进去听我们解释这床垫是干什么用的，他认为一个国家要富裕起来就要有奋斗精神。奋斗需一代一代人的坚持不懈。"

任正非认为，华为给员工的好处就是"苦"，没有其他。任正非这样说道：

> "苦"后有什么？有成就感，自己的收入能改善，看着公司前进方向有信心……这就是新的东西，这就是吸引员工的地方。华为奋斗在非洲的各级骨干大多数是"80 后""90 后"，他们是有希望的一代。
>
> 您在这个行业接触了很多美国科技公司，比如雅虎、谷

歌的员工很自由，有的可以在家里上班。雅虎新 CEO（首席执行官）说员工不能在家上班，还引起了很多内部反对。您觉得类似这种文化，跟我们中国艰苦奋斗的文化，哪个更好，哪个更会激励人才？

咖啡厅里坐坐，快快乐乐，喝喝咖啡就把事情做成了，这也许可能不是大发明，多数是小发明。互联网上有很多"小苹果""小桃子"，这也是可能的。

我们在主航道进攻，这是代表人类社会在突破，厚积还不一定能薄发，舒舒服服的怎么可能突破，其艰难性可想而知。不眠的硅谷，不是也彰显美国人的奋斗精神吗？这个突破就像奥运会金牌。我们现在跟奥运会竞技没有什么区别。

在主航道，美国公司的很多企业领袖也是很辛苦的。真正成为大人物，付出的辛劳代价，美国人不比我们少。我和美国、欧洲公司的创始人在一起聊天，发现他们领导的文化也是艰苦的，真正想做"将军"的人，是要历经千辛万苦的。当然，美国多数人也有快乐度过平凡一生的权利。

1991 年 9 月，华为租下了深圳宝安县蚝业村工业大厦 3 楼，决定集中全部资金和人力，开发生产华为品牌的新型用户程控交换机。此时，算上任正非在内，华为一共有 50 多名员工。大家把一层楼分隔为单板、电源、总测、准备 4 个工作区，仓库、厨房、宿舍也设在同层楼。宿舍很简陋，十几张床挨着墙一溜排开，床不够，在泡沫板上加床垫代替。整层楼没有空调，只有吊扇，所有人都经常汗流浃背。

条件虽然艰苦，但大家的干劲都很足，包括领导在内，实在太累了就趴在桌上，或在地上找张泡沫板、纸板，席地而卧，醒来接着干。有时睡到半夜，突然来车到货，不论是很重的蓄电池，还是机柜，大家都立即起来，卸完再睡。大多数人以此为家，从领料、焊接、组装、调试、质检、包装、吃饭、上厕所，一直到睡觉都在这一层楼上。除了到外协厂及公司总部，不少人一连几天都不下楼，有时候连外面天晴天阴，有没有下雨都不知道。

据一名经历了这段创业生活的老华为人回忆，当时人手紧张，都是一个人做多个职位，当时没有包装工段，也没有搬运及包装临时工，设备测好后，临时叫上在场的几个人，不分工人、工段长或是经理，也不分是大专生、本科生还是硕士生、博士生，一起包纸箱，装入木箱再钉上边角铁，然后四五个人一起抬起机柜箱，装车发货。一名新到的硕士毕业生，第一天上班就打包，手指被铁皮划破，鲜血喷出来，用止血胶布简单包扎后再接着干。

在经历了最艰苦的创业阶段后，任正非也没有忘记艰苦奋斗，他时刻提醒所有华为人，要牢记艰苦奋斗，身体力行艰苦奋斗。

针对有些学者提出的我国要尽快从"中国制造"走向"中国创造"的观点，任正非深有感触地说：

> 这些人忽略了创造是一个缓慢的过程，它所付出的心血是巨大的，而且是死了多少公司，才成功了少量的企业。华为20年的炼狱，只有我们自己和家人才能体会。这不是每周工作40小时就能完成的。华为初创时期，我每天工作16小时以上，自己没有房子，吃住都在办公室，从来没有节假日，想想这是十几万人20年的奋斗啊！不仅仅是在职员工，也包括离

职员工的创造。怎么可能会在很短的时间，每周只工作 40 小时，轻轻松松就完成产业转换和产业升级呢？每周工作 40 小时，只能产生普通劳动者，不可能产生音乐家、舞蹈家、科学家、工程师、商人……

中国一家著名企业的总裁在回答一位美国企业家的提问"你们公司怎么在 30 年间做到了世界领先"时，答道："不，我们是 60 多年，因为我们每天是 2×8 的时间在工作……"

关于华为的加班问题，华为董事长孙亚芳这样说道："公司从一个小公司，发展到今天多项产品世界领先，而业界最佳都是巨型的跨国公司，我们短短 10 年赶上来，最缺少的资源就是时间。他们数十年的积累，良好的社会品牌，我们不可能用多睡觉去赶上。这一点以后要在招聘时就要讲明。确实担心的员工可以晚几年进来，那时我们强大了，也许可以多睡觉。

"任总在硅谷与一些年轻人座谈，他们兴致勃勃，没有白天、黑夜，比他想象中的拼命三郎还厉害。他问他们：这样干，能干一辈子吗？他们说现在社会技术进步太快，不拼就注定是死路一条，后半生能过好吗？花前月下，是（20 世纪）50-60 年代以前，传统工业的生存方式，那时一项产品，可以（延续）20 年。而现在 3 个月前的世界领先，今天可能就无人问津。

"因此，由于 IT 行业日新月异的特点，由于我们与业界优秀企业的差距，由于我们的人员年轻、不职业化，在华为加班是难免的。我们主张各部门在经常加班的岗位，改善管理，补充编制，分摊工作。也希望员工能努力提高职业技能，减少加班。"

第3节 华为的文化就是奋斗文化

2003 年 5 月 21 日，阿尔及利亚发生强烈地震，2000 多人死亡。地震一发生，西方公司的外籍人员便全部撤离，而华为的员工却一直坚守在本地。震后第 3 天，工程部的员工仍然按原计划完成了智能网的割接，极大地缓解了地震造成的通信资源紧张。

"最痛苦的记忆并非地震本身，而是地震之后手机打不通，听不到亲人朋友声音的那种焦虑"，这是 2010 年智利大地震时，智利作家阿尔贝托·弗戈特笔下的感受。而正是在这次 8.8 级的大地震中，33 岁的华为员工孙大伟和两位本地员工 Perez、Molina 带着柴油、水和食物，与逃离灾区的人群"逆流而行"，"心中是对未知的恐惧和不安，就像前面有一个巨大的黑洞在等待着自己……"但为了响应客户的需求，"每一个华为人都会拿出实际行动，让客户认可华为是值得信赖的伙伴……"孙大伟等 3 人住在墙面裂开、地板翘起的酒店，以面包、白开水充饥，用游泳池的水洗漱，连续 5 天与客户一起抢修站点的设备故障，直到通信线路全面恢复正常……

军人出身的任正非喜欢谈论"上甘岭战役"：美军当年用电脑模拟推演，认为可以在一天内拿下阵地，可后来的结果却让美军大跌眼镜。

原因在于电脑只能模拟常规性的东西，不可能模拟得出有人会去堵机枪眼，有人身上着火也会一动不动，这就是精神的力量。

物质资源终会枯竭，唯有文化才能生生不息。一个高新技术企业，不能没有文化，只有文化才能支撑它持续发展。华为的文化就是奋斗文化，它的所有文化的内涵，都来自世界的、各民族的、伙伴的，甚至来自竞争对手的先进合理的部分。若说华为有没有自己的核心文化，那就剩下奋斗与牺牲精神算我们自己的吧！其实奋斗与牺牲精神也是从别人那里抄来的。有人问我，您形象地描述一下华为文化是什么。我也不能形象地描述什么叫华为文化，我看了电影《可可西里》，以及残疾人表演的《千手观音》后，我想他们的精神就叫华为文化吧！对于一个新员工来说，要融入华为文化需要一个艰苦过程，每一位员工都要积极主动、脚踏实地地在做实的过程中不断去领悟华为文化的核心价值，从而认同直至消化接纳华为的价值观，使自己成为一个既认同华为文化，又能创造价值的华为人。只有每一批新员工都能尽早地接纳和弘扬华为的文化，才能使华为文化生生不息。

任正非如是说。

任正非表示："艰苦奋斗是华为文化的魂，是华为文化的主旋律，我们任何时候都不能因为外界的误解或质疑动摇我们的奋斗文化，我们任何时候都不能因为华为的发展壮大而丢掉了我们的根本——艰苦奋斗。"

对于不需要守在电脑边的市场人员来说，其实他们也一样需要加班，只是地点不同。虽然他们看上去西装革履，满面春风，每天与客户打交道，但是同样面临极大压力，工作辛苦，生活没有规律，影响家庭。

任正非对员工以办公室为家的情况也很了解，早在 1996 年他就曾在其题为《不要忘记英雄》的演讲中指出："要逐步减少加班，使员工的身体健康得到保障。有健康的身体，才有利于思想上的艰苦奋斗。我们要对早期参加工作消磨了健康的员工，有卓越贡献而损害了健康的员工，对担子过重而健康不佳的高中级干部提供更好的疗养条件，使他们恢复健康。百年树人，不能因一时的干旱，毁坏了我们宝贵的中坚力量。"

很多人认为华为的那种只顾进攻而不善于顾念到人性的文化已经不合时宜。但是，一个不为大众所知的事实是，任正非从 2000 年开始就不大提"狼性文化"了。但任正非认为艰苦奋斗精神是华为文化的重要组成部分，它是华为文化的魂，是华为之所以能走到今天的最重要的推力，是华为无论何时何地都必须坚持不懈地持有的重要文化。任正非表示："我们会不断改善物质条件，但是艰苦奋斗的工作作风不可忘记，忘记过去意味着背叛。我们永远强调在思想上艰苦奋斗。思想上艰苦奋斗与身体上艰苦奋斗的不同点在于：思想上的艰苦奋斗是勤于动脑，身体上的艰苦奋斗只是手脚勤快。"

在华为创办 20 多年后，任正非重新强调"奋斗文化"这一主题，源于 2006 年的"胡新宇事件"。当胡新宇因加班而失去年轻生命的时候，人们不禁发出疑问，昔日曾笼罩在层层光环下的"狼性文化"过时了吗？因此任正非的这篇《天道酬勤》可谓是为时而作。他这样写道："世间管理比较复杂困难的是工业，而工业中最难管理的是电子工业。电子工业有别于传统产业的发展规律，它的技术更替、产业变化迅速，同时，没有太多可以制约它的自然因素。例如，汽车产业的发展，受钢铁、石油资源及道路建设的制约。而用于电子工业的生产原料是取之不尽的软件代码、数学逻辑。正是这一规律，使得信息产业的竞争要比传统产业更激烈，淘汰更无情，后退就意味着消亡。要在这个产业中生存，只有不断创新和艰苦奋斗。而创新也需要奋斗，是思想上的艰苦奋斗。华为由于幼稚不幸地进入了信息产业，我们又不幸学习了电子工程，随着潮流的一次次更替，我们被逼上了不归路。创业者和继承者都在苛求着自己，为企业生存与发展顽强奋斗，丝毫不敢懈怠！一天不进步，就可能出局；三天不学习，就赶不上业界巨头，这是严酷的事实。"

任正非分析说，华为之所以能在 2000–2003 年的 IT 泡沫破灭的艰难时期活下来，是因为华为当时在技术和管理上太落后，而这种落后让公司没能力盲目地追赶技术驱动的潮流。但是，如今西方公司已经调整过来，不再盲目地追求技术创新，而是转变为基于客户需求的创新，华为再落后就会死无葬身之地。再者，信息产业正逐步转变为低毛利率、规模化的传统产业。2005 年 10 月，爱立信收购马可尼；2006 年 4 月，阿尔卡特与朗讯合并；2006 年 6 月，诺基亚与西门子合并……这些兼并、整合为的就是应对这种挑战。而华为相对还很弱小，要生存和发展就必然面临更艰难的困境，只能用在别人看来很"傻"的办法——艰苦奋斗。

华为不战则亡，没有退路，只有奋斗才能改变自己的命运。

任正非指出，华为走到今天，在很多人眼里看来已经很了不起了，已经很成功了。有人认为创业时期形成的"床垫文化"、奋斗文化已经过时了，可以放松一些，可以按部就班。这是很危险的。任正非表示："繁荣的背后，都充满危机，这个危机不是繁荣本身必然的特性，而是处在繁荣包围中的人的意识。艰苦奋斗必然带来繁荣，繁荣后不再艰苦奋斗，必然丢失繁荣。'千古兴亡多少事，不尽长江滚滚流'，历史是一面镜子，它给了我们多么深刻的启示。我们还必须长期坚持艰苦奋斗，否则就会走向消亡。当然，奋斗更重要的是思想上的艰苦奋斗，时刻保持危机感，面对成绩保持清醒头脑，不骄不躁。"

而这个繁荣，事实上也是华为人通过艰苦奋斗获得的。为了将这种繁荣维持下去，华为还将必须继续奋斗下去。任正非表示：

"我们在 GSM（全球移动通信系统）上投入了十几亿元研发经费，多少研发工程师、销售工程师为之付出了心血、努力、汗水和泪水。在 1998 年我们就获得了全套设备的入网许可证，但打拼了 8 年，在国内无线市场上仍没有多少份额，连成本都收不回来。2G 的市场时机已经错过了，我们没有喘息，没有停下来，在 3G 上又展开了更大规模的研发和市场开拓，每年近 10 亿元的研发投入，已经坚持了七八年，因为收不回成本，华为不得不到海外寻找生存的空间……

"自创立那一天起，我们历经千辛万苦，一点一点地争取到订单和农村市场；另一方面我们把收入都拿出来投入到研究开发上。当时我们与世界电信巨头的规模相差 200 倍之多。通过一点一滴锲而不舍的艰苦努力，我们用了十余年时间，终于在 2005 年，销售收入首次突破了 50 亿美元，但与通信巨头的差距仍然很大。最近不到一年时间里，业界几次大兼并：爱立信兼并马可尼，阿尔卡特与朗讯合并，诺基亚与西门子合并，一下子使已经缩小的差距又陡然拉大了。我们刚指望获得一些喘息的机会，直一直腰板，拍打拍打身上的泥土，没想到又要开始更加漫长的艰苦跋涉……

"华为于茫然中选择了通信领域，是不幸的，这种不幸在于，所有行业中，实业是最难做的，而所有实业中，电子信息产业是最艰险的。这种不幸还在于，面对这样的挑战，华为既没有背景可以依靠，也不拥有任何资源，因此华为人尤其是其领导者将注定为此操劳终生，要比他人付出更多的汗水和泪水，经受更多的煎熬和折磨。唯一幸运的是，华为遇上了改革开放的大潮，遇上了中华民族千载难逢的发展机遇。公司高层领导虽然都经历过公司最初的岁月，意志上受到一定的锻炼，但都没有领导和管理大企业的经历，直至今天仍然是战战兢兢、诚惶诚恐的，因为十余年来他们每时每刻都切身感悟到做这样的大企业有多么难。多年来，唯有以更多身心的付出，以勤补拙，牺牲与家人团聚、自己的休息时间和正常的生活，牺牲了平常人都拥有的很多亲情和友情，销蚀了自己的健康，经历了一次又一次失败的沮丧和受挫的痛苦，承受着常年身心的煎熬，以常人难以想象的艰苦卓绝的努力和毅力，才带领大家走到今天。

"18 年来，公司高层管理团队夜以继日地工作，有许多高级干部几乎没有什么节假日，24 小时不能关手机，随时随地都在处理发生的问题。现在，更因为全球化后的时差问题，总是夜里开会。我们没有国际大公司积累了几十年的市场地位、人脉和品牌，没有什么可以依赖，只有比别人更多一点奋斗，只有在别人喝咖啡和休闲的时间努力工作，只有更虔诚对待客户，否则我们怎么能拿到订单？

"为了能团结广大员工一起奋斗，公司创业者和高层领导干部不断地主动稀释自己的股票，以激励更多的人才加入到这从来没有前人做过和我们的先辈从未经历过的艰难事业中来，我们一起追寻着先辈世代繁荣的梦想，背负着民族振兴的希望，一起艰苦跋涉。公司高层领导的这种奉献精神，正是用自己生命的微光，在茫茫黑暗中，带领并激励着大家艰难地前行，不论前进的道路上有多少困难和痛苦，有多少坎坷和艰辛。"

华为开发国内市场已然充满了艰辛，可是在进行海外市场的开拓时，才发现那里的竞争更加激烈，生存更加艰难，如果没有艰苦奋斗的精神，华为的国际化步伐将是寸步难行。而华为如今获得的国际化成就正源自无数华为人舍身忘己的奉献精神。

任正非表示："中国是世界上最大的新兴市场，因此，世界巨头都云集中国，公司创立之初，就在自己家门口碰到了全球最激烈的竞争，我们不得不在市场的夹缝中求生存。当我们走出国门拓展国际市场时，放眼一望，所能看得到的良田沃土，早已被西方公司抢占一空，只有在那些偏远、动乱、自然环境恶劣的地区，他们动作稍慢，投入稍小，我们才有一线机会。为了抓住这最后的机会，无数优秀华为儿女离别故土，远离亲情，奔赴海外，无论是在疾病肆虐的非洲，还是在硝烟未散的伊拉克，或者是海啸灾后的印度尼西亚以及地震后的阿尔及利亚……到处都可以看到华为人奋斗的身影。我们有员工在高原缺氧地带开局，爬雪山，越丛林，徒步行走了 8 天，为服务客户无怨无悔；有的员工在国外遭歹徒袭击头上缝了 30 多针，康复后又投入工作；有的员工在飞机失事中幸存，惊魂未定又救助他人，赢得当地政府和人民的尊敬；也有员工在恐怖爆炸中受伤，或几度患疟疾，康复后继续坚守岗位；我们还有 3 名年轻的非洲籍优秀员工在出差途中飞机失事不幸罹难，永远地离开了我们……18 年的历程，10 年的国际化，伴随着汗水、泪水、艰辛、坎坷与牺牲，我们一步步艰难地走过来了，面对漫漫长征路，我们还要坚定地走下去。"

这篇文章是任正非 2006 年 7 月 21 日刊发在华为公司内部刊物《华为人》报（第 178 期）头版头条上的，任正非在不断强调危机意识之时，再次重申华为企业文化的原点，"不奋斗，华为就没有出路"。这也是对网络热炒"过劳死""床垫文化"等指责的非正式回应，同时，在内部员工层面实现了认识的高度统一。随着这篇文章很快流传开来，华为对"艰苦奋斗"精神的坚持很快赢得了社会公众的支持，而原先喧嚣于网络的指责之声也日渐沉寂了下去。一场公关危机从"万夫所指"到后来的逐渐平息，显示了任正非在处理企业危机时的果敢与坚决。

第 **2** 章

尽快完成角色转换

CHAPTER 2

　　虽然现在我们很难预测华为在未来社会中到底是什么地位，但是我认为，只有奋斗才会有未来，我们奋斗可能会不成功，但不奋斗肯定是不成功的。

第 1 节 不合作，会丧失奋斗的机会

    海拔 5000 余米的高原上寒风凛冽，四下一片荒芜。严寒、强风、极大的昼夜温差和贫瘠的土壤，如此恶劣的生存环境，令大多数植物难以存活。放眼望去，能够在这里顽强生长的，大都是些形状奇特的绿色草团——它们紧贴在地面或岩石上，没有明显的茎，外表上看去蓬松柔弱，实则顽强到任凭狂风如何呼啸，也不能将它们撼动。这类奇特的生命被称作垫状植物。

    粗壮的主根扎在地下，固定整个植株，防止它被大风吹走。垫状植物内部由枯萎的老叶子组成，这些枯叶并不脱落，为整个"垫子"保温发挥余热。垫状植物最外层是当年的新叶，其间会开出花朵。

    垫状植物生长成这般模样最主要的目的就是为了抵抗严酷的环境。它们匍匐贴近地面成长既可以避免强风把植株折断，也可以有效地保持水分，同时又能够有效地将热量保存起来。欧洲的一种垫状植物，在午后其内部的温度要比空气中高出 10℃。

    很多植物有"冒进"的习惯——顶端的芽会比侧枝生长得快，因而许多树木外形似塔，中间最高，生物学中称之为"顶端优势"现象。不过对于垫状植物而言，位于顶端的芽可没什么优势，生长稍快一点，

新芽一旦超过了整个"垫子"的保护范围，就会被如刀的寒风吹成尸体，死于非命。

垫状植物的每一个分枝，虽然彼此独立，但却又不得不依赖于整体，因此无论顶芽还是侧枝，它们的生长速度必须保证步调一致。

就像垫状植物一样，任正非认为，华为的生存空间依然非常严酷，为了能够生存，华为人必须抱成团，会合作。任正非向他们发出了语重心长的忠告：

> 不善于合作，不能群体奋斗的人，等于丧失了在华为进步的机会，那样您会空耗了宝贵的光阴。

真正优秀的员工不仅要有超人的能力、骄人的业绩，更应该具备团队合作精神，这将直接关系到工作业绩。试想一下，如果某一项工作任务，你不是很熟悉，你不求助别人，只是一个人费劲地摸索，到最后恐怕自己不但陷入困境中，还完成不了公司交给的工作。另外，如果在工作中，自己做自己的，不愿和同事们分享自己的心得体会，那样将会对公司一点好处都没有，而我们也不可能做出好的成绩来。

而如果一个员工善于合作，那么不但可以让自己得到提高，还能实现团队的最佳效益。

一只骆驼不能穿越辽阔的沙漠，而一支驼队却能够越过沙漠的死亡地带。一个人要想成大事，必须学会合作，一方面可以弥补自己的不足，另一方面可以形成一股合力。衡量一个人工作表现的优劣，有时并不能仅仅只看这个人的工作业绩，还要看看他是否善于与人合作。

美国公牛队是篮球史上最伟大的球队之一。1998 年 7 月，它在全美职业篮球总决赛中战胜爵士队后，已取得第二个三连冠的骄人成绩。但公牛队的征战并非所向披靡，而是时刻遇到强有力的阻击，有时胜得如履薄冰。决战的对手常在战前仔细研究公牛队的技术特点，然后想出一系列对付公牛队的办法。这其中有一个办法就是让迈克尔·乔丹得分超过40 分。

这听起来很滑稽，但研究者言之有理：乔丹发挥不好，公牛队固然赢不了球；乔丹正常发挥，公牛队胜率最高；乔丹过于突出，公牛队的胜率反而下降了。因为乔丹得分太多，则意味着其他队员的作用下降。公牛队的成功有赖于乔丹，更有赖于乔丹与别人的协作。

只有高尚的、无私的、乐于奉献的、勇于负责的人，才具备团结互助的条件；只有以大局为重，不计较个人利益，将个人的追求带入到团队的总体目标中去，从自发地遵守到自觉地培养，最终才能实现团队的最佳整体效益。

任正非表示：

> 进入华为并不就意味着高待遇，公司是以贡献定报酬，凭责任定待遇的，对新来的员工，因为没有考评记录，起点较低，晋升较慢，为此，我们十分抱歉。但如果您是一个开放系统，善于吸取别人经验，善于与人合作，借别人提供的基础，可能进步就会很快。如果封闭自己，总是担心淹没自己的成果，就会延误很长时间，也许到那时，你的工作成果已没有什么意义了。

第2节　终结个人英雄主义

对于应届生，你们拥有的是一些没有商业化的技术知识和基础知识，这时你们还没有什么工作概念和职业概念，华为是你们的职业生涯的第一站。如何从学生型、技术型向社会型、营销型人才转换？这是你们进公司后面临的主要问题。

如果你是社招生，你们曾经拥有不同的行业背景和职业经历，来到华为后，面对新的技术环境、管理环境、文化环境、销售环境和客户群体，你们也许会感到迷茫困惑。如何尽快适应华为的运作，将自己好的经验嫁接过来，并克服一些不良的工作习惯，这可能是你们面临的主要问题。

积极主动思考、行动，这是新员工尽快完成角色转换的一条捷径。

在华为，首先需要转变的是，要终结个人英雄主义。

例如，产品开发是一项系统工程，每个人只能干其中的一小部分工作，因此，不要拒绝做小事情，要从小事情做起，并认真做好。大发明都是由小改进积累，进而完成从量变到质变的飞跃。有一个部门的新员工，他在回传网管单板硬件和单板软件开发中，通过不断测试，找出很多往往被人忽视的细小问题，还从中找出了一些缺陷，最终他找到了设备不稳定的根源，为产品在市场上的信誉、质量做出了贡献。

在军人出身的任正非的人生字典里，"英雄"无疑是意义非同一般的概念。华为能从无数的诱惑、坎坷、教训中走过来，能从漫长的"冬天"里挺过来，应该要归功于任正非及在他带领下的以"群狼"自诩的华为人，他们拥有一种英雄式的悲壮的牺牲精神。

任正非曾经这样说过：让有个人成就欲望者成为英雄，让有社会责任者（指员工对组织目标有强烈的责任心和使命感）成为领袖。基层不能没有英雄，没有英雄就没有动力。

1997 年，任正非在市场前线汇报会上作了题为《什么是企业里的英雄》的讲话："什么是英雄，人们常常把文艺作品、影视作品中的人物作参照物。因此，在生活中没有找到英雄，自己也没有找到榜样。英雄很普通，'强渡大渡河'的英雄到达陕北后还在喂马，因此，曾有'团级马夫'的称谓。毛泽东在诗词中说过'遍地英雄下夕烟'，他们是农民革命军，那些手上还有牛粪，风起云涌投入革命的农民。"

谁是华为的英雄，是谁推动了华为的前进？任正非表示，不是一两家企业家创造了历史，而是 70% 以上的优秀员工一起推动了华为的前进，他们就是华为真正的英雄。"如果我们用完美的观点去寻找英雄，是唯心主义。英雄就在我们的身边，天天和我们相处，他身上就有一点值得我们学习。我们每一个人的身上都有英雄的行为。当我们任劳任怨、尽心尽责地完成本职工作，我们就是英雄。当我们思想上艰苦奋斗，不断地否定过去；当我们不怕困难，愈挫愈勇，您就是您心中真正的英雄。我们要将这些良好的品德坚持下去，改正错误，摒弃旧习，做一个无名英雄。"

在多次的动员会上，在任正非讲话中，"英雄""豪杰"等词语频繁出现。这一个时期，华为各阶层员工团结成一支"虎狼之师"，所到之处，所向披靡。如果说任正非把华为当成一支部队、一支英雄之师进行攻城略地，也不为过。

可以看出，任正非的"英雄主义"并不是个人的"英雄主义"，他强调的是集体英雄。

> 公司的总目标是由数千数万个分目标组成的，任何一个目标的实现都是英雄的英雄行为所为。我们不要把英雄神秘化、局限化、个体化。无数的英雄及英雄行为就组成了我们这个强大的群体。我们要搞活我们的内部动力机制，核动力、油动力、电动力、煤动力、沼气动力……它需要的英雄是广泛的。由这些英雄带动，使每个细胞直到整个机体产生强大的生命力，由这些英雄行为促进的新陈代谢，推动我们的事业向前进。

任正非希望华为内部要多出英雄，多出集体英雄。新老干部要团结合作，只有携手共进，才能优势互补。英雄是一种集体行为，是一种集体精神，要人人争做英雄。

任正非希望大家不要做昙花一现的英雄，虽然华为公司确实取得了一些成就，但是当大家想躲在这个成就上睡一觉时，英雄之花就凋谢了。凋谢的花能否再开，那是很成问题的。在信息产业中，一旦落后，那就很难追上了。

然而，从 1998 年做了《昙花一现的英雄》和《狭路相逢勇者胜》讲话之后，任正非的文章和讲话很少出现"英雄"字样。

任正非希望华为的发展壮大不再依靠一两个"超人"式的英雄，而是要依靠一个职业化的团队。这个团队即便有一两个人离开，也不会妨碍它向前迈进的步伐。

少年天才李一男在华为的发展史上曾发挥过不可忽视的作用，他少年得志的传奇经历，至今仍令人艳羡不已。2000 年，李一男在"内部创业"的运动中离开了华为，自立门户创立了北京港湾网络有限公司，与任正非的关系从师生转为对手。2003 年港湾遭遇残酷竞争，业绩出现滑坡；2005 年港湾上市融资之路受阻，与西门子的并购方案破裂；2006 年，浪子回头，李一男带着他的港湾回归华为。一个人，十几年的人生起伏，在行业中引发无数的猜测、感慨，恐怕也是因为这个主角是李一男，是出自华为的李一男。

后来有媒体这样评价："任正非和李一男都是英雄，英雄应该是惜英雄的。港湾没有卖给别人，而是卖给了华为，我相信冥冥之中，任正非和李一男的心在靠近！"

应该说李一男和郑宝用这些华为早期的功臣，都是华为企业史上不可忽略的"英雄""开国元勋"。在 2000 年之前，任正非曾在多次讲话中，以郑、李为模范，号召销售战线、研发部门等向他们学习，希望公司能培养出更多的李一男和郑宝用。

在经历了李一男出走事件后，华为又经历了倚重为左右手的郑宝用卧病不起。虽然经过救治，郑宝用没有了生命危险，但他已经不能再像从前那样拼命地投入工作。这一事件进一步促使任正非深入思考建立起"不依赖于人的制度"的必要性。

此后，华为加大了对职业化进程的推进，全面引进国际管理体系，包括职位与薪酬体系，以及英国国家职业资格管理体系（NVQ）、IBM的集成产品开发（IPD）及集成供应链管理（ISC）等。2004 年，华为成立了 EMT（经营管理团队），由董事长、总裁及 6 位分管不同领域的副总裁组成。华为 EMT 构成群体决策的民主机构，推行轮值主席制，由不同的副总裁轮流执政，组成每月定期商讨公司战略决策的内部议会制，个人英雄的时代彻底宣布落幕。

任正非有一段话很好地总结了华为个人英雄时代的终结及新的职业化时代的开始："我们需要组织创新，组织创新的最大特点在于其不是一个个人英雄行为，而是要经过组织试验、评议、审查之后的规范化创新。任何一个希望自己在流程中贡献最大、青史留名的人，他一定就会形成黄河的壶口瀑布、长江的三峡，成为流程的阻力。"

华为主张集体主义和团队作战，"胜则举杯相庆，败则拼死相救"。在华为各级主管的述职报告中，主管不能大肆渲染自己的功劳，而必须强调团队的作用。

第 3 节　求助是群体奋斗的最好形式

　　新员工初来乍到，可能觉得华为的一切都很新鲜，但又觉得茫然。新员工最要紧的就是要熟悉环境，学习企业文化，尽快融入华为这个大家庭。做一个合格的华为人，并不是那么简单，需要改变自己原来一些观念和习惯，这不是一蹴而就的，是要有一个磨合的过程。新员工要珍惜每一个学习机会，哪怕是一节培训课程，也要主动向思想导师请教，向师哥、师姐学习，华为的求助体系是非常好的，只要肯学，都能学到。

　　任正非表示：

　　　　公司管理是一个矩阵系统，运作起来就是一个求助网。希望你们成为这个大系统中一个开放的子系统，积极、有效地求助于他人，同时又给予他人支援，这样您就能充分地利用公司资源，您就能借助别人提供的基础，吸取别人的经验，很快进入角色，很快进步。求助没有什么不光彩的，事情做不好才不光彩，求助是参与群体奋斗的最好形式。

　　有这样一个故事，有人和上帝谈论天堂和地狱的问题。上帝把他带入两个不同的房间，其中一间屋子里有一大锅肉汤，但每个人看起来都营养不良，绝望又饥饿。他们每个人都有一把可以够得到锅的汤匙，但汤匙的柄比他们的手臂还要长，自己没法把汤送进嘴里。而另一个房间里的一切和上一个房间没有什么不同，一锅汤，一群人，一样的长柄汤匙，但大家都在快乐地唱歌。原因很简单，在这儿他们会喂别人。

著名经济学家厉以宁教授讲过一个不同以往版本的龟兔赛跑的故事。他说，我们北京大学光华管理学院讲的龟兔赛跑的故事是这样的：龟兔赛跑有四个回合。第一个回合，乌龟虽然在竞争中处于劣势，但坚持了下来，等待对方犯错误。结果兔子睡大觉，乌龟赢了。第二回合，兔子接受教训，不再睡大觉，把潜在的可能变成了现实，兔子赢了。第三回合，乌龟调整了策略，改变了比赛路线。因为在新的比赛路线上临近终点处有一个水池，比赛中兔子虽然跑得快，但过不了水池。乌龟虽然跑得慢，但顺利地游过了水池，乌龟赢了。第四回合，乌龟与兔子结成战略伙伴关系，互助互信，在陆地上兔子背着乌龟跑，在水里，乌龟驮着兔子游，结果乌龟与兔子一起快速抵达终点，达到了双赢。

狼虽然通常独自活动，但你不会发现有哪只狼在同伴受伤时独自逃走。它们好像比我们更清楚，既然造物主把它们的命运连在一起，它们就应该互相帮助、同进同退。

然而，我们人类在很多时候，在互助合作、共同发展方面的表现并不怎么样。我们没有认识到，单独的一只狼或许可以生存，但单独的一个人一定无法生存，因为我们比狼群更需要互助、和谐和共同发展。

任何一个成功的团队，都离不开团结互助。因为任何一个人在帮助别人的过程中，不仅能提高自己的荣誉感，还能充分体现出个人的价值，使团队在共同的进步中得以发展。

互助是团队精神的具体体现，互助更多的是要求你主动帮助别人，你主动帮助了别人，哪天你需要别人帮助的时候就可以主动向别人寻求帮助了，这是一个相互的过程。

作为一家员工人数众多的企业，华为自然清楚互助精神在企业的发展过程中有多么的重要，但是它并没有像现在国内许多企业一样虽然言必称企业文化，但实际根本不知文化为何物。华为把整个企业文化写到了公司的基本法中，让文化对管理起到辅佐效应。

说到华为的互助，其实源自《左传·襄公十一年》：如乐之和，无所不谐。就是提倡企业管理者与员工之间，员工与员工之间要协调默契，上下一心，相互尊重，宽容和理解，要坦诚相待，互相帮助，文明礼貌，亲密团结。华为的互助不是单纯的一个人遇到困难，另一个人来帮忙这么简单，而是几乎涵盖了企业和员工的方方面面，是在你没有遇到困难或可能要遇到困难的时候，都会有人通过各种形式向你伸出援手。

有一次，杭州某地市局副局长带领 4 个人到深圳基地参观，华为迅速从不同部门抽调人员，组建了 20 人的团队直接提供全程服务。首先，杭州办事处的秘书填写了客户接待的电子流，由办事处会计申请了出差备用金；然后，深圳的客户工程部接待人员打电话到杭州办事处核实和修改电子流中的行程安排，安排专门的司机和接待人员到机场接机、安排住宿；系统部职员会及时打电话和销售人员确认高层接待事宜，并且负责安排高层领导接待；接下来，公司某总监在酒店设接风宴招待参观人员，同时，公司总台会打出电子屏幕：欢迎某某局长一行；饭后，由公司另一总监在公司会议室向客户系统介绍华为的产品战略；紧接着，带领客户到公司产品展示厅由不同的展厅人员分别讲解移动产品、传输产品、宽带产品；然后，由生产部人员带领客户参观生产部；之后，回到会议室,由各职能部门总监介绍华为企业文化、财务管理、产品研发、公司前景等等;最后,由公司副总裁设送行宴,由客户工程部到机场送行。

华为的考核表中几乎所有职位都有一个共同的考核要素:和同事的合作。这一项在总分100分的考核中占10分。这项考核的主要评分标准就是看在两次考核之间是否有华为的其他员工投诉过你。但是,你大可不必为此而处处唯唯诺诺,巴结讨好同事。因为经过华为文化熏陶出来的华为人已经接受了以公司为重的理念,大多对事不对人,即使你是总监,有些事情处理不得当,也免不了会有人投诉你,投诉你的人可能就是个普通的工作人员。在华为,投诉别人的人很多,被投诉的人也不会怀恨在心。最关键的是,只要在华为工作超过两年的员工,几乎都有类似投诉和被投诉的经历。华为规定,一旦你被别人投诉,不管是不是事实,不要争辩,先自我检讨,然后和投诉你的人交流。通过别人的帮助,被投诉人不仅能改进自己在工作中的不足,而且很多情况下,被投诉者和投诉人在沟通的过程中建立了深厚的友谊。

在华为,人力资源部是"人力资源委员会"的秘书机构,这除了对它权力的界定外,还有一个用意就是"服务"。凡是比较重要的制度,人力资源部首先想到的是如何让员工更好地理解,他们通常情况下会仔细研读,揣摩出其中的精髓,然后由相关人员通过电视会议或者亲自到各地给华为的员工宣传和讲解。但凡稍微复杂一点的表格,人力资源部都会和相关部门进行沟通协调,为你设计好一个模板让你参考。会议还没开始时,投影仪的光已经打到墙上,主持人已经把电脑和话筒调试到了最佳状态。

在华为,一个给客户的技术讲座或一个报价,行政人员齐上阵,一夜不眠做出大量精美的资料。仅就市场资料而言，华为就会领先对手一步。

华为的员工可能都有过这样的经历，在出差前只要给当地的华为办事处打一个电话，告诉秘书你所属的办事处和需要预订的房间数，那边的工作人员马上就会和当地华为的签约酒店取得联系，办好一切入住手续后，会在第一时间给你回电话，向你汇报预订的相关信息。如果顺利，这个程序在 10 分钟内就会完成，而且整个过程中，对方决不会过分追问你的底细。

此外，各个驻外机构都会有一本由华为总部统一编印发行的"行政指南"。在那本精心准备、定期刷新的好几十页的小册子中，你会一目了然地看到全省各地的华为签约酒店、景点指南、酒吧、咖啡厅，还有各类躲在旮旯胡同里的火锅店、鸭头店、烧烤店。这项举措大大方便了华为在全国各地的员工。因此华为在北京、上海、杭州等旅游城市的驻外机构，几乎成了全国、全世界华为人、华为客户的"旅游服务中心"。

在华为，领导们的客户服务和团队意识十分强烈，也非常宽泛。他们可以在恶劣的天气里一站几个小时迎接客户，也可以自己开车去取要帮同事送的东西，主动给下属倒水。华为的文化告诉他们，下属是内部的客户，内部客户和外部客户都是上帝。

正是华为这种团结合作的强大文化，有效地弥合了一部分因华为组织庞杂、流程不畅所产生的"内部公关文化"。所以，在这种人与人之间和谐相处、制度化保障的团结互助的氛围中，华为取得了比别的公司更高的成就。

第4节　力出一孔，利出一孔

一位华为的老员工讲述了两件他是如何感受到华为团队凝聚力的小事。第一件事是在他刚刚到华为的时候，参与了公司一项重要业务的筹备工作，部门主管一声令下，大家一起上阵都特别有精神，经常加班、熬夜，那时虽觉得公司管理有些乱，但处处透露出一股活力。

第二件事虽然平常，但却让他印象深刻。那时他刚刚脱离教书生涯，华为公司紧张的工作环境虽然让他兴奋，但由于过惯了自由散漫的日子，一时也无法适应，更没有融入集体之中，开口闭口常会说："你们华为……"当时一位打字员小姐反驳说："你不也是华为人吗？为什么老说'你们华为'，而不说'我们华为'？"打字员小姐的话深深地触动了他，突然让他觉得华为公司的凝聚力很强，作为集体的一分子应该有种认同感。

华为企业文化是华为凝聚力的源泉，渗透在华为运作的方方面面、员工工作的点点滴滴中，为华为成为一个整体起到连接和润滑的作用。

为了使自己的企业具有凝聚力和团队精神，华为于1995年9月，在公司内发起"华为兴亡，我的责任"企业文化大讨论。

在《华为公司基本法》的定稿过程中，有一个细节，充分地反映出任正非对中国文化精髓领悟之深。关于华为的"凝聚力"源泉，最初的表述是："爱祖国、爱人民是我们凝聚力的源泉。"任正非在后来亲自加上了"爱公司、爱自己的亲人"。他解释说："我这个人的思想是灰色的，我爱祖国、爱人民，但我也爱公司、爱自己的亲人，我对自己子女的爱，总还是胜过对一般员工的爱。这才是实事求是，实事求是才有凝聚力。公司一方面使员工制定的目标远大，使员工感知他的奋斗与祖国的前途、民族的前途联系在一起；另一方面，公司坚决反对空洞的理想。要培养员工从小事开始关心他人，尊敬父母，帮助弟弟妹妹，对亲人负责的品德……实事求是合乎现阶段人们的思想水平。"

他提倡把自己的第一份工资邮寄给父母，同时要求员工过春节给父母洗脚，爱护自己的弟妹，关心希望工程。正是这些点点滴滴的教诲，引导华为高度凝聚，一次次从危机走向新生。"亲情牌"从来都是抓住人心最有效的武器。华为人庆幸跟对了老板。这是华为凝聚力高、战斗力强的一个因素。[①]

任正非相信：如果华为有一天停止了快速增长，就会面临死亡。只要企业还充满活力，我们的团队就有强凝聚力，员工就会拼命而乐此不疲。

独特的股权激励制度给华为带来了很强的凝聚力。2012 年，华为全年利润 154 亿元，华为拿出 125 亿元用于奖金激励，这使得华为的员工凝聚力快速提升。

任正非微不足道的个人持股不但不会影响他的权威性和控制力，相反，员工的主动性、积极性和公司的凝聚力、竞争力会更高。因为任正非权威的建立不是通过控制员工，而是通过激发员工。

---

① 王育琨.任正非：华为最基本使命就是活下去［J］.中国慈善家，2015.

第5节　认清在团队中的位置

任正非认为，对于一个员工来说，要对自己有着清醒的认识，找到适合自己的位置，不要总是觉得别人的什么都是好的，别人碗里的饭多么好吃。真正的路在于自己怎样走，每一步的积累都是自己人生中的宝贵财富。怨天尤人的思想和行为不仅耽误了自己的职业发展，而且这种负面的心态也会影响到公司的整体发展。

有一天，一个国王独自到花园里散步，使他感到万分诧异的是，花园里所有的花草树木都枯萎了，园中一片荒凉。后来国王了解到，橡树由于没有松树那么高大挺拔，因此轻生厌世死了；松树因自己不能像葡萄那样结许多果实，也死了；葡萄哀叹自己终日匍匐在架上，不能直立，不能像桃树那样开出美丽可爱的花朵，于是也死了；牵牛花也病倒了，因为它叹息自己没有紫丁香那样芬芳；其余的植物也都垂头丧气，无精打采，只有细小的心安草在茂盛地生长。

国王问道："小小的心安草啊，别的植物全都枯萎了，为什么你能这么勇敢乐观、毫不沮丧呢？"

小草回答说："国王啊，我一点也不灰心失望，因为我知道，如果国王您想要一棵橡树，或者一棵松树、一丛葡萄、一棵桃树、一株牵牛花、一株紫丁香，您就会叫园丁把它们种上，而我知道您希望种我的原因就是要我安心做小小的心安草。"

小草的选择是正确的。踏实地履行自己的职责，做好自己的工作，那么即使再平凡，自己的价值也是独一无二的。只要在平凡中找到自己的位置，就能享受平凡的快乐，就能拉近成功的距离。

团队中的每个人都是团队目标的支撑者，只有每个团队成员的成功，才能支撑团队更好地发展。华为的一位主管有着这样的感悟："作为主管，更多的时间是帮助员工找到自己在团队中的位置，使员工的努力成为团队的贡献，每个成员感受到自己都是不可或缺的一部分；同时作为主管始终是一个推动者，不断地创造机会让员工成功，感受进步。只有看到团队成员成功的自信，才是自己最大的满足。"[1]

除了同事、上级对自己的帮助外，自己也需要认清自己的位置，扮演好自己的角色，这样才能保证团队工作的顺利进行。团队要想创造并维持高绩效，员工能否扮演好自己的角色是关键也是根本，有时它甚至比专业知识更加重要。

如果你是一名新入职的员工，那么就要重新审视自我动机、需要、价值观及能力，逐步明确个人能力与兴趣，找到适合个人特质的工作，自我改善、增强自身才干，达到自我满足和补偿。

---

[1] 吴天朋，邹芸 . 一起成长的快乐 [J] . 华为人，2010.

第 6 节　与团队进行有效沟通

良好的沟通技巧对于团队的成功来说是至关重要的。队员之间良好的人际关系也能减少冲突。一个队员可能想到了解决某个问题的最佳方法，但若他与其他队员的关系十分疏远，他的想法可能不会被采纳，或不会被认真对待。为此，任正非表示：

> 公司大了，距离也远了，由于沟通不畅，会产生信息不对称或扭曲。我们的每一层主管由于工作压力大而缺乏耐心，会与周边或下属产生矛盾。在公司的业务变革和发展中肯定会存在问题，我们干部的责任是以平和的心态去面对并一起解决问题，工作中既要抓效率，坚持原则，又要学会相互欣赏和支持，学会体谅和感激，共同创造一个和谐的有战斗力的管理团队，我们就能克服一切困难。

任正非特别重视部门之间的沟通，要求打破部门、专业之间的界限，各部门间充分合作。任正非立下了一个规矩："各级主管与下属之间都必须实现良好的沟通，以加强相互的理解和信任。沟通将列入对各级主管的考评。"

美国沃尔玛公司前总裁吉姆·沃尔顿说："我们在团队合作的过程中非常注意沟通，认为沟通是永无止境的，企业成功源于沟通。沟通是我们成功的真正关键之一。"但在工作中，我们往往提倡"少说多做"，主张多一些实干精神，这的确没错。但作为一个团队成员仅仅知道做是不够的，还要进行充分的沟通，在沟通的基础上明确各自的任务和职责，然后分工协作，才能把团队的力量形成合力。否则的话，每个团队成员只管低头拉车，各走各的路，永远也不会形成团队合力，也就无所谓效益，甚至有可能形成负效益。

Eliseo 是个西班牙人，面试通过后，Eliseo 来深圳报到了。在 Eliseo 正式报到之前，部门负责人担心他不能适应新环境，与他做了多次深入的沟通。同事利用休息时间，为他寻找万科城房源，供他选择，同事们尽最大努力为 Eliseo 创建好的生活环境。为了让 Eliseo 更好地接手工作，部门负责人先和他沟通了工作目标，然后让他熟悉相关的咨询材料信息，还带他与产品线和代表处沟通，组建周边项目人员，为其搭好了一个项目的工作环境。

阿里巴巴创始人马云曾经说过："公司是一个平台。公司的作用就像一瓶胶水，把很多有才能的人粘在一起。然后大家一起去完成一些事情。"然而，每个人都有自己不同的能力，也拥有不同的视角，以及不同的获取信息的渠道。所以，彼此之间的有效沟通非常重要。

请记住：没有什么不能沟通。无论是为了理解他人的处境和想法，还是想说服他人支持自己的建议或行动，或者想邀请他人参与到自己的团队或计划中来，这都必须具备良好的沟通能力。不要因为害怕别人拒绝而不敢提出自己的想法，也许在你积极沟通之后，就能改变对方的观点，使得对方配合你完成工作。

很难想象，如果不能有效地沟通，公司的业务将如何进行。也许在你的公司里有这样一种人，虽然他（她）的工作能力并不是最突出的，但是所有人都对他（她）很友好。因为他（她）能够真诚地和每个人交流，并且通过这种交流拉近彼此之间的距离。有这样的人在，你永远不用害怕公司出现什么矛盾和误会，因为他（她）能够很自然而简单地化解它们。

第 7 节　"新同事关系"

在过去的年代中，华为更多注重资金在生产力诸要素中的作用，但现在，人成了产业要素中的最重要成分。人的流动、组合、裂变导致了资金、技术、项目的不同组合和裂变。

在这个变化的速度与频率都日益加快的时代，华为始终大力倡导集体奋斗的精神，这种集体奋斗的精神在华为被称之为"新同事关系"，这种独具魅力的组合方式为华为的团队管理注入了一股新鲜的血液。

华为之所以用新同事关系来取代集体奋斗，主要是因为传统的同事关系是以权力和权力支配的秩序为主要特征，每天被权力压迫的人很容易就把权力当成了事业目标，反而忽视了事业本身，上下级之间很难齐心协力共同奋斗。而"新同事关系"却是建立在一种共同兴趣和特长上的组合。员工们能够聚集到华为这个大家庭中是由于事业目标一致、利益一致，压迫主要是来自公司外部的市场，市场优胜劣汰的法则把公司命运与员工命运紧紧捆到了一起。

在华为，几乎每个人都能明显地感觉到与同事共处的时间要远远多于与家人、亲朋好友共处的时间，华为的领导层适时地抓住这个点，从新员工一入职的时候就向其灌输这样一种思想：当我们有条件去选择自已的工作环境时，我们可以像兄弟姐妹共同操持一份家业一样操持我们的事业，我们之间没有权力压迫，没有勾心斗角，没有告密，没有出卖，没有争宠，没有背叛。我们用各自的肩膀互相支撑，我们亲人般地互相关怀，我们有共同的兴趣、共同的目标，我们愿意在工作之余互相倾诉又互相倾听……

就是在这样一种氛围下，"华为人"像"硅谷人"一样工作起来不要命，时常深夜加班，吃盒饭，在办公室桌子底下打地铺。但节假日他们又常常三五成群地乐呵呵地结伴出游，没有目的，不要行装。

许多其他企业的员工都羡慕华为的同事关系，殊不知友好、自由、敬业，这种轻松自在的同事文化环境是众多华为人在无数次的集体奋斗中一点一滴积累起来的。

任正非有一个著名论断：当今世界的科技进步已走过了爱迪生时代，不可能依靠一个人的聪明才智改变整个世界。所以除了在公司实行全员持股制度外，公司始终致力于营造集体奋斗的企业文化，没有责任心，不善于合作，不能群体奋斗的人，等于丧失了在华为进步的机会。

华为是个只认同贡献不认同资历的企业，在华为发展史上，曾有过19岁的少年班毕业生因贡献突出被提为副总工程师的纪录。

实际上，在华为这样的企业，大多数人不太看重职务高低，他们常常沉浸在团队奋斗的热情中，以及共同创造出成果的喜悦中。

华为公司营造了一种让人耳目一新的同事关系的氛围，没有勾心斗角，没有争宠卖乖，全员持股制度更是将全体员工纳入了一个共同事业之中，在这个团队中，每个人的创造力和责任心都得到了充分的调动，从而保证了企业在强手如林的市场上始终保持着旺盛的竞争力。

一位华为人这样告诫新员工：

"工作中找到朋友，保持融洽的同事关系，融入团队。人生难免迷茫，我也迷茫过多次。但在公司，我每做一个项目、每进入一个新岗位、承担新职责，总会结交一些关系不错的同事，并发展成我的朋友，如新员工阶段的导师、伙伴、主管；第一次独立开发、第一次做思想导师、第一次做 PL（项目组长）、第一次出差、第一次做招聘，那些给予我指导和莫大宽容的同事，也都是我的朋友。

"我曾郁闷压抑，甚至想离开，是一位朋友让我支撑过来。

"我曾对成败过于计较，是一位朋友的包容和宽厚，让我看到明镜和榜样。

"我曾不知所措没有思路，是一位朋友的点拨之语，让我顿然醒悟。

"我曾为一点小成就洋洋自得，也会有朋友提醒我不要得意忘形……

"工作之后，以前的朋友联系越来越少，所以工作中的朋友就更重要了。如果在同事中没有真心的朋友，你有一大半的时间是孤独的……

"朋友，就是在关键时刻愿意牺牲自己而帮助你的人。这种友情，已经超越了职级，超越了工作关系，成为你人生中的一盏明灯。"

你必须成为自己的首席执行官

除了少数伟大的艺术家、科学家和运动员，很少有人是靠自己单枪匹马而取得成果的。不管是组织成员还是个体职业者，大多数人都要与别人进行合作，并且是有效的合作。要实现自我管理，你需要对自己的人际关系负起责任。这包括两部分内容。

首先是要接受别人是和你一样的个体这个事实。他们会执意展现自己作为人的个性。这就是说，他们也有自己的优势，自己的做事方式和自己的价值观。因此，要想卓有成效，你就必须知道共事者的优势、工作方式和价值观。这个道理听起来让人很容易明白，但是没有几个人真正会去注意。一个习惯于写报告的人就是个典型的例子——他在第一份工作时就培养起写报告的习惯，因为他的老板是一个读者型的人，而即使下一个老板是个听者型，此人也会继续写着那肯定没有任何结果的报告。这位老板因此肯定会认为这个员工愚蠢、无能、懒惰，肯定干不好工作。但是，如果这个员工事先研究过新老板的情况，并分析过这位老板的工作方式，这种情况本来可以避免。

老板既不是组织结构图上的一个头衔，也不是一个"职能"。他们是有个性的人，他们有权以自己最得心应手的方式来工作。与他们共事的人有责任观察他们，了解他们的工作方式，并做出相应的自我调整，去适应老板最有效的工作方式。事实上，这就是"管理"上司的秘诀。

这种方法适用于所有与你共事的人。每个人都有他自己的做事方法，也有权按照自己的方式来工作，而不是按你的方法来工作。重要的是，他们能否有所作为以及他们持有什么样的价值观。至于工作方式，人各有别。提高效率的第一个秘诀是了解跟你合作和你要依赖的人，以利用他们的优势、工作方式和价值观。工作关系应当既以工作为基础，也以人为基础。

人际关系责任的第二部分内容是沟通责任。在我或是其他人开始给一个组织做咨询时，我们听到的第一件事都与个性冲突有关。其中大部分冲突都是因为：人们不知道别人在做什么，他们又是采取怎样的工作方式，专注于做出什么样的贡献以及期望得到怎样的结果。而这些人不了解情况的原因是，他们没有去问，结果也就不得而知。

这种不去问明情况的做法，与其说是反映了人类的愚蠢，倒不如说是历史使然。在以前，人们没必要把这些情况告诉任何人。比如在中世纪的城市，一个区的每一个人从事的行业都一样。在乡村，土地刚一解冻，山谷里的每一个人就开始播种同一种农作物。即使有少数人做的事情和大家不一样，他们也是单独工作，因此不需要告诉任何人他们在做什么。

而现在，大多数人都与承担着不同任务和责任的人一道工作。市场营销副总裁可能是销售出身，知道有关销售的一切，但是，对于自己从未做过的事情，比如定价、广告、包装等等，就一无所知了。所以，那些正在做这些工作的人必须确保营销副总裁懂得他们设法做的是什么、他们为什么要做这件事、他们将如何去做以及期望取得什么结果。

如果营销副总裁不懂得这些高层次的、知识型的专业人士在做什么，错主要在后者身上，而不在自己。反过来说，营销副总裁的责任则是确保他的所有同事都知道自己是怎样看待营销这项工作的：他的目标是什么、他如何工作，以及他对他本人和他的每一个同事有什么期望。

即使一些人懂得负起人际关系责任的重要性，他们和同事的交流也往往不够。他们总是有所顾虑，怕别人把自己看成是一个冒昧、愚蠢、爱打听的人。他们错了。因为我们看到，每当有人找到他的同事说："这是我所擅长的工作。这是我的做事方式。这是我的价值观。这是我计划做出的贡献和应当取得的成果。"这个人总会得到如此回答："这太有帮助了，可你为什么不早点告诉我？"

如果一个人继续问道："那么，关于你的优势、你的工作方式、你的价值观以及你计划做出的贡献，我需要知道什么？"他也会得到类似的答复——据我的经验，无一例外。事实上，知识工作者应该向与他们共事的每一个人，不管是下属、上司、同事还是团队成员，都发出这样的疑问。而且，每次提出此类问题，都会得到这样的回答："谢谢你来问我。但是，你为什么不早点问我？"

组织已不再建立在强权的基础上，而是建立在信任的基础上。人与人之间相互信任，不一定意味着他们彼此喜欢对方，而是意味着彼此了解。因此，人们绝对有必要对自己的人际关系负责。这是一种义务。不管一个人是公司的一名成员，还是公司的顾问、供应商或经销商，他都需要对他的所有共事者负起这种责任。所谓共事者，是指在工作上他所依赖的同事以及依赖他的同事。

（本文摘编自《你必须成为自己的首席执行官》，作者：彼得·德鲁克，来源：《哈佛商业评论》，1999）

第 **3** 章

为客户服务是华为
存在的唯一理由

CHAPTER 3

　　任正非一再强调：华为的优点和缺点都是年轻，我们要深刻地理解，要扬长避短。

　　年轻人的天性多是富有幻想的，甚至有浪漫色彩，青春是充满活力，不畏艰难险阻，所谓"初生牛犊不怕虎"，敢打敢冲，思想解放，但当与现实结合时，你就必须面对它，把每一件工作做实，力戒浮躁、好高骛远。因为市场是无情的、客户需要什么你做什么，任何自作主张、标新立异、想当然都是徒劳的。

第 1 节　华为文化的特征就是服务文化

"为客户服务是华为存在的唯一理由。"华为文化的特征就是服务文化，全心全意为客户服务的文化。任正非表示：华为文化的特征就是服务文化，谁为谁服务的问题一定要解决。服务的含义是很广的，总的是为用户服务，但具体来讲，下一道工序就是用户，就是您的"上帝"。您必须认真地对待每一道工序和每一个用户。任何时间，任何地点，华为都意味着高品质，希望您时刻牢记。

任正非在其文章《资源是会枯竭的，唯有文化才能生生不息》中这样写道：

华为是一个功利集团，我们一切都是围绕商业利益的。因此，我们的文化叫企业文化，而不是其他文化或政治。因此，华为文化的特征就是服务文化，因为只有服务才能换来商业利益。服务的含义是很广的，不仅仅指售后服务，从产品的研究、生产到产品生命终结前的优化升级，还包括员工的思想意识、家庭生活……因此，我们要以服务来定队伍建设的宗旨。我们只有用优良的服务去争取用户的信任，从而创造了资源，这种信任的力量是无穷的，是我们取之不尽、用之不竭的源泉。有一天我们不用服务了，就是要关门、破产了。因此，服务贯穿于我们公司及个人生命的始终。

对于客户来讲，其需求内涵可以概括为三点：低价、优质和完善的服务，公司要持续不断地满足客户的这种需求，必须具有强大的价值创造能力，这种能力在企业内部的具体体现就是高绩效。高绩效是保证实现客户需求的基础。客户的价值观决定着华为公司的价值观。因此，华为公司的远景、使命、基本价值观、战略、组织及业务流程必须聚焦于高绩效，公司企业文化的核心必须也只能是高绩效。

华为的高绩效文化，要求华为重点对待优质客户，但也不能放弃普通客户。2017年，任正非在一次演讲中这样说道：

> 如果能放弃第一个小国，我们就会放弃第二个小国，又可以放弃第三个小国……就会把全世界小国都放弃。"防线"就往后退，退到哪里呢？退到中国。在中国可以退掉西藏、云南、贵州，再退掉新疆、青海……那就只剩北京、上海了。北京、上海最赚钱，但能守得住吗？别人一围，我们就死掉了。
>
> 所以为了活下去，每个"阵地"对公司来说都很重要。
>
> 每个区域都很重要，但对客户要有所选择。
>
> 并非有需求就是客户，有需求但是不付钱，怎么能叫客户呢？付款买需要的东西，还能赚到钱，这才叫客户；付很多钱买东西的叫优质客户。我们对客户的认识要做适当改变。世

界那么大，我们不能什么市场都做，如果为了服务几个低价值客户，把优质客户的价格都拉下来了，那就不值得了。

从市场竞争的角度看，在激烈的市场竞争过程中，并不是每一个公司都能得到为客户服务的机会的，因为客户掌握着选择企业的权力。

企业的生存价值和生存空间只能通过市场竞争来取得，企业要取得为更多客户服务的机会，必须持续不断地提高自身的效率，并依靠效率的持续提升，降低产品和服务的成本，提升产品和服务的质量，以更快的速度响应客户的需求。

企业之间的生存竞争本质上是效率的竞争，因为唯有高效率，才能降低单位产品的成本，产品才具有价格上的相对优势，才能够抢先于竞争对手获取满足客户需求的机会，企业才会有足够的生存空间。唯有高效率，才能先于竞争对手发现并满足客户的需求。唯有高效率，企业才能为客户提供全方位的服务。效率的竞争永远是市场竞争的主旋律。而效率的客观表现是企业内部绩效水平的高低。[①]

任正非表示，华为的企业战略就是要活下来。而活下来的充分必要条件就是在优先满足客户需求的基础上。

要成就客户梦想，就需要提供最好的服务，这也是公司取得成功的关键。在华为成立之初，华为产品不如竞争对手的产品，这一点任正非心知肚明。因此，他另辟蹊径，吸引客户。他认为，只有提供优质服务，才能吸引客户。

曾有人问任正非，对于像当年的华为一样正走在起家路上的中小企

业,他有什么方法论的建议,任正非的回答就是盯着客户,就有希望。

　　不要管理复杂化了。小公司只有一条,就是诚信,没有其他。就是你对待客户要宗教般虔诚,就是"把豆腐要好好磨",终有一天你会得到大家的认同的。中小企业还想有方法、商道、思想,我说没有,你不要想得太复杂了。你就盯着客户,就有希望。就是要诚信,品牌的根本核心就是诚信。你只要诚信,终有一天客户会理解你的。

第 2 节　这样做，才是站在客户角度考虑问题

孙子满 3 岁后开始读幼儿园，从小把孩子看大的爷爷奶奶（或外公外婆）就回老家去了，牵挂着孙子的老人会不时打电话回来，问孙子离开爷爷奶奶的照顾，生活得怎么样？作为父母的我们，该如何回应老人家的关心？

这个故事来自华为兵法的老师在课堂上的互动。

大家的回答出奇地一致："爸妈，你们老人家就放心在老家养老好了，孙子在家生活得挺好的，不用担心！"

大家的想法完全是为父母着想，孩子受点委屈我们吃点苦不要紧，希望老人家快快乐乐地在家养老，不用太多担心！

但是，这样的回答，往往会让爷爷奶奶心里有很大落差。

因为，从"以客户为中心"的视角看，这样的回答完全是站在我们自身想的。但从爷爷奶奶的角度来看，老人家得到的信息是："没有爷爷奶奶的照顾，小孙子一样可以生活得很好，我们是可有可无的。"

"以客户为中心"就是完全站在对方的立场想问题，不仅仅是表面的问题，更多是问题背后的问题。

"以客户为中心"也需要洞察语言背后的心情，用共情的语言呼应

对方，而不仅仅是讲道理。

以客户为中心，就是为了帮助客户解决问题，帮助客户成功。华为人需要仔细地从客户角度出发分析他们现存的问题。

下面是一个以"以客户为中心"的例子：

我们发现客户的网络在完成工程交付后，没有后续的网络持续优化流程，尤其是在首都外的其他城市。客户在运维期间没有持续优化的机制，在区域的用户没有持续优化的技术能力，也没有足够的测试软件和测试设备支撑持续的优化，连基本拉网测试都不具备条件。说到这里，大家也都看清了客户的痛点，那么如何来帮助客户？如何来提升华为的价值？如何通过帮助客户来使华为获得利益？

第一步，与客户共同探讨，对于存在的问题达成共识。

通过与客户优化负责人的正式沟通及非正式聊天，客户对于现状很清楚，但苦于没有短期改变局面的好方法。如果这个时候我们能拉客户一把，相信客户对于我们的诚意还是会容易接受的。

第二步，支撑客户，提供测试软件。

华为的PA工具是推荐客户使用的。基于公司的这个政策，我们建议客户可暂时免费使用华为的测试软件，作为日常维护使用的工具。由于是维护阶段不涉及验收等工作，客户在流程上不存在违规的问题，同时也节省了客户采购测试软件的成本，因此非常高兴地接受了我们的帮助，并针对每个区域发放两套测试软件进行优化工作。

通过这一步的工作，客户对我们的态度有了明确的改变，并且表现出了非常感激的态度。同时对于华为也有好处，将华为的测试工具引入运营商使用，通过日常的维护网优等工作，增加客户使用华为工具的黏性和依赖性，为将来二期的验收工具选型做好铺垫，争取降低工程验收外购测试软件的成本。

第三步，帮助客户提升基础优化能力。

在提供了测试软件后，跟客户讨论制订了培训方案，客户安排每个区域都派出专人进行华为测试软件的培训，掌握测试软件的使用方法，帮助客户提升基础的优化能力。我们安排一线员工进行专项的客户培训，并对通过考试的客户颁发证书，使得客户不仅学习了技能而且也获得了荣誉。

通过这一步的工作，客户对华为提供的系统全面的帮助已经认可，认识到我们并非只是流于形式，更加注重实施的效果，认识到我们在和客户一起打造优化团队。

第四步，制定运维期间的网络优化机制。

通过上述的工作，客户已经具备了测试工具、测试技能，那么接下来就要制订优化的计划，通过定期的网络覆盖测试，发现网络存在的问题，帮助客户建立起初步的运维阶段网络优化机制。

对华为来说，客户按照计划进行区域城市的测试，我们直接获取测试数据进行分析，降低了日常维护的人员、车辆成本，又能掌握各个区域的网络覆盖情况。同时通过测试数据分析，发现网络存在的问题，对于弱覆盖的区域建议增加站点，对于热点区域建议进行扩容，这样就在运维阶段也可带来销售的机会点，而这种机会点对于客户来说是非常容易接受的，同时也让客户认识到无线网络并非建成后就一成不变，要建立起运维与规划相结合、相循环的概念。

通过以上这个例子，我们可以认识到在帮助客户的时候，也在帮助我们自己，只有客户获得成功，我们才能获得收益。

要想做到"以客户为中心，帮助客户成功"，首先最重要的一点是要发现客户的问题、发现客户的痛点；其次是引导客户认识到痛点，当然有些客户可能是因为各种情况不想暴露问题，这一点一定要慎重考虑如何引导，否则会引起客户反感；再次就是帮助客户解决问题，要真诚地表达出你的想法，并抛出实际有效的解决方案，千万不能流于形式，也不能过于高大上而不切合实际。只有踏踏实实地帮助客户，才能获得客户的认可。"以客户为中心，帮助客户成功"不是客户线、不是解决方案、不是交付与服务等个别部门、个别人的事情，而是华为全体员工的核心价值。

华为的核心价值观是"以客户为中心、以奋斗者为本，长期坚持艰苦奋斗"。而这一切，都是建立在"以客户为中心"的基础之上。

> 以客户为中心，道理不用多说了，没有客户我们就饿死了。以奋斗者为本，其实也是以客户为中心。把为客户服务好的员工，作为企业的中坚力量，与他们一起分享贡献的喜悦，就是促进亲客户的力量成长。

要靠用心的服务赢得客户感动，用心发现客户的需求层次，用心满足客户高层次的内心诉求及立即解决问题的现实要求，最终满足客户需求和让客户感知最佳体验。

正如老太太给儿媳妇买新鲜枣子的故事。老太太看过了很多水果摊，销售员只问买啥，但不关心买来做什么用，什么场合吃。销售员都在推销：我们的枣子新鲜、又大又甜、又香又脆，我们的枣子是山东大枣等等。但老太太都没有购买的意愿。最后有个聪明的小伙子看老太太转来转去，就问老太太：您买枣子做什么用啊？老太太才说：我为怀孕的儿媳妇购买酸枣，而不是想要买甜枣。

到底一个企业应该以技术为中心，还是以客户为中心，我们的答案是肯定的，以客户为中心。但是大多数企业是靠技术起家的，企业如何从以技术为中心转为以客户为中心，需要经历非常痛苦的业务变革和管理变革。但是这个变革，是为了企业的永续经营与发展，是值得的。

第3节　以客户的满意程度作为评价依据

你消耗的一切都是从客户那里来的，你的无益消耗就增加了客户的成本，客户是不接受的。你害怕去艰苦地区工作、害怕在艰苦的岗位工作，不以客户为中心，那么客户就不会接受、承认你，你的生活反而是艰苦的。当然，我说的长期艰苦奋斗是指思想上的，并非物质上的。我们还是坚持员工通过优质的劳动和贡献富起来，我们要警惕的是富起来以后的惰怠。

华为以客户的价值观为导向，以客户满意度为标准，公司的一切行为都是以客户的满意程度作为评价依据。

客户的价值观是通过统计、归纳、分析得出的，并通过与客户交流，最后得出确认结果，成为公司努力的方向。沿着这个方向我们就不会有大的错误，不会栽大的跟头。所以现在公司在产品发展方向和管理目标上，我们是瞄准业界最佳。现在业界最佳的是西门子、阿尔卡特、爱立信、诺基亚、朗讯、贝尔实验室……我们制订的产品和管理规划都要向他们靠拢，而且要跟随他们并超越他们。如在智能网业务和一些新业务、新功能上，我们的交换机已领先于西门子了，但在产品的稳定性、可靠性上，我们和西门子还有差距。

不断强化"为客户服务是华为生存的唯一理由"，提升了员工的客户服务意识，并深入人心。通过强化以责任结果为导向的价值评价体系和良好的激励机制，使得华为所有的目标都以客户需求为导向。通过一系列流程化的组织结构和规范化的操作规程来保证满足客户需求，由此形成了静水潜流的基于客户导向的高绩效企业文化。华为文化的特征就是服务文化，全心全意为客户服务的文化。

华为是基于客户需求导向的组织、流程、制度及企业文化建设、人力资源和干部管理。任正非在 2008 年市场部年中大会上的讲话中曾说：

> 我们奋斗的目的，主观上是为自己，客观上是为国家、为人民，但主客观的统一确实是通过为客户服务来实现的。没有为客户服务，主客观都是空的。
>
> 什么叫奋斗，为客户创造价值的任何微小活动，以及在劳动的准备过程（例如上学、学徒……）中，为充实提高自己而做的努力，均叫奋斗，否则，再苦再累也不叫奋斗。企业的目的十分明确，是使自己具有竞争力，能赢得客户的信任，在市场上能存活下来。要为客户服务好，就要选拔优秀的员工，而且这些优秀员工必须要奋斗。要使奋斗可以持续发展，必须让奋斗者得到合理的回报，并保持长期的健康。但是，无限制地拔高奋斗者的利益，就会使内部运作出现高成本，就会

被客户抛弃，就会在竞争中落败，最后反而会使奋斗者无家可归。这种不能持续的爱，不是真爱。

合理、适度、长久，将是我们人力资源政策的长期方针。我们在家里，都看到妈妈不肯在锅里多放一碗米，宁可看着孩子饥饿的眼睛。因为要考虑到青黄不接，无米下锅，会危及生命，这样的妈妈就是好妈妈。有些不会过日子的妈妈，丰收了就大吃大喝，灾荒了就不知如何存活。我们人力资源政策也必须是这样的。

以客户为中心，以奋斗者为本是两个矛盾的对立体，它就构成了企业的平衡。难以掌握的灰度，妥协，考验所有的管理者。

华为虽然组织结构庞大，但对市场的反应速度始终是敏感的，这是因为华为始终是以客户为中心，因而对客户需求始终是能准确把握的，这一点不是等到哪一年才提出的想法，这种品性从创业第一天开始就有。任正非曾这样说过：

20年来，我们由于生存压力，在工作中自觉不自觉地建立了以客户为中心的价值观。应客户的需求开发一些产品，如接入服务器、商业网、校园网……因为那时客户需要一些独特的业务来提升他们的竞争力。不以客户需求为中心，他们就不买我们小公司的货，我们就无米下锅，我们被迫接近了真理。但我们并没有真正认识它的重要性，没有认识它是唯一的原则，因而对真理的追求是不坚定的、漂移的。

在 20 世纪 90 年代后期，公司摆脱困境后，自我价值开始膨胀，曾以自我为中心过。我们那时常常对客户说，他们应该做什么，不做什么……我们有什么好东西，你们应该怎么用。例如，在 NGN（Next Generation Network, 下一代网络，一种业务驱动型的分组网络）的推介过程中，我们曾以自己的技术路标，反复去说服运营商，而听不进运营商的需求，最后导致在中国选型，我们被淘汰出局，连一次试验机会都不给。历经千难万苦，我们请求以坂田的基地为试验局的要求，都苦苦得不到批准。我们知道我们错了，我们从自我批判中整改，大力倡导"从泥坑中爬起来的人就是圣人"的自我批判文化。我们聚集了优势资源，争分夺秒地追赶。我们赶上来了，现在软交换占世界市场份额 40%，为世界第一。

为客户服务的奋斗精神不是传说

2015 年 3 月 26 日，也门局势越来越严峻。这期间，华为也门代表处员工晚上在地下室通铺小憩，白天依然坚守工作、服务客户。3 月 29 日到 4 月 6 日，4 批共 629 位中国公民安全撤离。最后一天，坚守在也门代表处的最后 8 位兄弟随大使馆人员一同撤出。这些员工撤到了华为厄立特里亚代表处，远程协助客户维护网络，保障业务不中断。

在新员工课堂上与同伴讨论责任感话题时，班主任刘老师给我们分享了一个真实的故事——8 位华为人在也门的勇敢坚守。这时，我们才猛然发现：勇敢当责的人离我们好近，始终保障客户网络稳定运行的精神离我们好近。

班主任讲述也门故事的时候，语调是和缓的，然而我能够感觉到，教室的气氛不一样了，安静中透着敬重、崇拜……班主任在手机上找出了也门同事发的照片，是他们在院子里捡到的弹头，拿在手掌上，反射着金属的光。旁边的男生说："这个如果带回国，估计可以给哥们儿吹吹了。"

给哥们儿吹吹？这种在战火中的经历，定可作为人生的谈资了。不知道也门的同事，在捡到弹头的时候，心里是否会忐忑不安？战争的枪炮之下，每个人都是绝对的弱者。他们当时的第一感觉不会是"这个可以给哥们儿吹吹"吧？

班主任给我们看了手机里一位也门兄弟的真实感受："很煎熬，一是近距离体验战争的恐惧感，特别是有近距离空袭时，会担心自己的安全，会害怕；二是国内亲友的牵挂，特别是父母，他们非常担心，每晚都睡不好觉，一直打电话问我为什么还不回国。"

是什么原因，促使他们一起坚守？一位 SR（解决方案责任人）写道："PTC 系统部中，AR（客户责任人）和 FR（履行责任人）都是本地员工，我作为系统部 SR，也是铁三角中唯一的中方员工，我认为我有责任留下来。在第一批撤离后，我去拜访客户，客户看到我感到非常意外，他们原以为我已经离开，想不到我竟然还会留在也门，这让他们对华为的职业精神非常敬佩。客户甚至开玩笑说要为我申请也门国籍。"

我脑袋里闪过《士兵突击》中的一句话："不抛弃，不放弃。"是啊，保障也门客户通信网络稳定运行的责任，不能抛弃；铁三角的兄弟，不能抛弃；含辛茹苦打下来的市场，不能放弃；不到最后一刻，不能放弃！换了我，在那样的情形下，会轻易离开吗？不会的！

班主任继续在手机里找也门同事发来的照片：战火升级

后，代表处、地区部、机关立刻行动起来。员工人身安全是第一考虑，要求大家全部进入地下室，在地下室用床垫铺成通铺。在地下室待命的漫漫时光里，他们尽可能让生活丰富起来，举办了一系列"战时读书会""战时电影院"等活动，使大家的心都平和了下来，互相鼓励。

培训课堂上，跟我同组的一位 1989 年出生的小伙伴即将被派往阿富汗。我问他，"你想去那里吗？"他是应届毕业生，以前也没有出过国。没想到，他毫不犹豫地说"想啊"，旁边另一个同学说，"兄弟，如果我也被派到阿富汗，我罩着你！"

不断地，身边会有越来越多的同事奔向世界各地，从太平洋之东到大西洋之西，从北冰洋之北到南美洲之南……到处都有我们的好兄弟。对未来的向往，对前程的憧憬，对事业的豪情，以及对未知的担忧，对亲朋的不舍……种种情绪交织在一起，但都在我们年轻的激情中以戏谑的一笑来作答。

（本文摘编自《为客户服务的奋斗精神不是传说》，
来源：华为人，作者：小 U，2015）

第 **4** 章

天道酬勤，
幸福不会从天而降

CHAPTER 4

幸福不会从天而降，全靠我们来创造，天道酬勤。

——任正非

第 1 节 上天厚待勤奋的人

古语云"天道酬勤"，意思是说上天总是厚待勤奋吃苦的人。无论工作多么困难，也应当将解决问题作为最终目标，咬紧牙关坚持到底，而不是畏惧退缩或纠缠不清。

一分耕耘，一分收获。在华为创业初期的老员工都获得了华为内部的股权，对此华为总裁任正非曾表示："公司创业之初，根本没有资金，是创业者们把自己的工资、奖金投入到公司，每个人只能拿到很微薄的报酬，绝大部分干部、员工长年租住农民房。正是老一代华为人'先生产，后生活'的奉献，才挺过了公司最困难的岁月，支撑了公司的生存、发展，才有了今天的华为。当年他们用自己的收入购买了公司的内部虚拟股，到今天获得了一些投资收益，这是对他们过去奉献的回报。我们要理解和认同，因为没有他们当时的冒险投入和艰苦奋斗，华为不可能生存下来。我们感谢过去、现在与公司一同走过来的员工，他们以自己的泪水和汗水奠定了华为今天的基础。更重要的是，他们奠定与传承了公司优秀的奋斗和奉献文化，华为的文化将因此生生不息，代代相传。"

高尔基说："时间是最公平、合理的，它从不多给谁一分，勤劳者能叫时间留下串串的果实，懒惰者时间留予他们一头白发，两手空空。"古语云："一份付出，一份收获。"任何成功都不是侥幸取得的，只有付出才有回报。相传，古罗马皇帝克劳狄在临终前给罗马人留下这样一句遗言："努力工作吧！你将收获丰厚的人生。"

对于勤奋者而言，工作时间不分内外，鸿海集团总裁郭台铭就曾说过："我创业超过 35 年，几乎每天都工作 15 个小时，这个习惯还是在我打工时养成的。"翻阅商海成功案例，哪一个成功者不是勤奋工作的典范？

路遥，陕西著名作家，其一生都在追求自己的理想，笔耕不辍。路遥经常挂在嘴边的一句话是"人生到了最关键时刻，就好像是足球运动员的临门一脚，哪怕把腿踢断了，也要拼尽全力"。《平凡的世界》三卷本于 1991 年荣获茅盾文学奖，这是对他勤奋的褒奖。

人生中任何一种成功的获取，都始之于勤并且成之于勤。勤奋是成功的根本，也是成功的唯一秘诀。对每个人来说，想要获得成功并没有多少捷径可走，唯有勤奋工作。对于刚参加工作的人来说，这一点尤为重要。要想使自己比别人取得更大的成绩，就必须付出比别人更多的勤奋和努力。那么怎样才能做到勤奋呢？

英国思想家卡莱尔说："天才就是无止境刻苦勤奋的能力。"惰性则是勤奋的敌人。追求成功者要时时向惰性宣战，并且战而胜之。

在华为工作，勤奋是必备的。1996 年 1 月，华为"112 项目组"只有 5 个成员，从 1 月到 3 月，过年没有一个人回家，大家紧张地进行各部分的方案讨论。1996 年 4 月，他们在济南奋战 1 年，租了两个三人房，一个做实验室，一个用来睡觉，几个人在还没有见过别人交换机的时候，就去摸索别人的机器。实验机的条件是很差的，缺少很多模块，每看到一个外国人，他们就操着生硬的英语去求教，一边调试不成型的产品，一边摸索着陌生的机型。对他们来说，时间只有绝对概念，没有相对概念，累了，就到附近的农田里散步讲笑话，欣赏自然风光，放松身心，回来又投入到紧张的工作中……那段日子很苦、很累，也没有什么支持，没有人来安慰、鼓励，只有靠自己，但是那段日子回想起来很美，在那段时间里，每个人经历了严峻的考验。1996 年 4—7 月间，他们赢得了济南局的认可。在紧张的开发稳定中，深夜 12 点下班是正常的，通宵达旦也是经常的事情，因为这个认可得之不易，机会非常重要，任何人都明白这一点，都珍惜这一点。第二次去济南，他们没有辜负济南局的信任，在短短的 3 个星期中，在技术人员的配合下，进行了 3 种机型的对接测试，进入和济南业务的对接工作。没有超常的勤奋，"112 项目"就不会成功。

《引爆点》作者马尔科姆·格拉德维尔做过一个统计，巨大的成功需要两个条件，其中之一就是时间。他说，如果一个人要想成功，至少需要一万个小时的累积练习。这个数字看起来不算什么，细想起来令人吃惊，很多歌手一辈子的练习时间也到不了一万个小时。

现在，美国人的生活水平要比欧洲人高出一大截。这是因为美国人在任何时候、任何领域的劳动产出都要比欧洲人多，更重要的一点，美国人的工作时间要远远多于欧洲人。据《洛杉矶时报》报道：意大利人每年有 42 天带薪假期，法国人 37 天，德国人 35 天，英国人 28 天，而美国人是 16 天，但实际上他们只休 14 天，美国劳工统计局的统计也显示，美国人每周工作 49 小时，加起来每年要比欧洲人多工作 350 小时。而 14 天的休假对美国人来说恐怕还是过高的估计。

爱因斯坦说过："在天才和勤奋之间，我毫不犹豫地选择后者，她几乎是世界上一切成就的催生婆。"

石油大王洛克菲勒在写给儿子的第 15 封家信中这样写道："今天，我尽管已年近七十，但我依然搏杀于商海之中，因为我知道，结束生命最快捷的方式就是什么也不做。人人都有权利选择把退休当作开始或结束，那种无所事事的生活态度会使人中毒，我始终将退休视为再次出发，我一天也没有停止过奋斗，因为我知道生命的真谛。

"机会如同时间一样是平等的，为什么我能抓住机会成为巨富，而很多人却与机会擦肩而过，不得不与贫困为伍呢？难道真的像诋毁我的人所说，是因为我贪得无厌吗？

"不！是勤奋！机会只留给勤奋的人！自我年少时，我就笃信一条成功法则：财富是意外之物，是勤奋工作的副产品。每个目标的达成都来自勤奋的思考与勤奋的行动，实现财富梦想也依然如此。"

"勤奋出贵族。"在这个无限变幻的世界中，没有永远的贵族，也没有永远的穷人。在洛克菲勒小的时候，穿的是破烂衣衫，家境贫寒到要靠好心人来接济的地步。但最终洛克菲勒建立了一个庞大的财富帝国。他为什么能取得如此辉煌的成就？靠的就是勤奋。

勤奋的员工不一定是优秀的，但优秀的员工必然是勤奋的，他的勤奋首先体现在多做事、多干活上。

在《红楼梦》里，贾宝玉身边的丫鬟袭人就是"多劳多得"的一个典范。袭人与晴雯同是贾宝玉的贴身丫鬟，不过和晴雯比较起来，袭人最大的一个优点就是勤快，无论是端茶、梳洗……她什么事情都会去做，从来不抱怨，就算是在外人眼里看起来非常麻烦的事也不会推辞。除此之外，袭人不仅做自己分内的事情，还做许多分外的事情，而且都是自觉愿意的，可以说，多做事、多干活已经成了她的一个习惯。

例如，有时候是小丫鬟的工作，但是小丫鬟们因为贪玩不在，她也会主动去做，而不是把小丫鬟们叫回来，而晴雯却总使性子，撂手不干。时间一长，袭人的表现自然会被众人看在眼里，成为贾府最令人喜欢的丫鬟。

在美国标准石油公司里，有一位小职员名叫阿基勃特，他看上去并不起眼，许多同事对他也不屑一顾，但他有个习惯，就是无论在公司上班，还是外出旅行，凡遇签名，总是在自己姓名的下方写上"每桶 4 元标准石油"的字样，因此被同事们嘲笑为"每桶 4 元"，而真名倒没人叫了。公司董事长洛克菲勒知道这件事后，十分惊讶地说："竟有职员如此努力宣扬公司的声誉，我要见见他。"于是他邀请阿基勃特共进晚餐。后来，洛克菲勒卸任，阿基勃特便成为公司的第二任董事长。阿基勃特所做的，实际是我们每个人都能做到的事情。可是在公司里，偏偏人们不屑去做，只有他一个人甘愿而愉快地坚持着去做了。

这则故事乍看起来跟勤奋无关，其实就是勤奋在其中起着巨大的作用。试想一下，如果没有养成勤奋的习惯，阿基勃特是不可能持续几年做同一件事。

偶然的机会只对那些勤奋工作的人才有意义。

流传甚广的奥尔·布尔的一件轶事能够更好地说明这个道理。这位杰出的小提琴家，多年来一直坚持不懈地练习拉琴，通过不断地练习，他的技艺早已成熟，但是他始终默默无闻，不为大众所知。所幸他的运气终于到来了。一次，当这个来自挪威的年轻乐手正在演奏的时候，著名女歌手玛丽·布朗恰巧从窗外经过。奥尔·布尔的演奏使她如醉如痴，她从来没有想到小提琴能够演奏出如此优美动人的音乐，她赶紧询问了这个不知名乐手的姓名。随后不久，在一次影响力极大的演出中，由于她突然与剧场经理发生了分歧，不得不临时取消了自己的节目。在安排什么人到前台去救场时,她想到了奥尔·布尔。面对聚集起来的大批观众,奥尔·布尔演奏了一个多小时,就是这一个多小时,使奥尔·布尔登上了世界音乐殿堂的舞台。对于奥尔·布尔而言,那一个多小时便是机遇,只不过,他早已为此做好了准备。

成功的秘密在于,当机遇来临时,你已经做好了把握住它的准备。

第 2 节　约束自我，勤耕不辍

任正非曾强调要在艰苦奋斗中约束自我，勤耕不辍，他提醒华为人在获得一些成果之后，依然不要放松对自己的要求，他要求华为人要有自制力，不要沾染娇骄二气。

他这样说道："一个没有艰苦奋斗精神做支撑的企业，也是难以长久生存的。而我们现在有些干部、员工，沾染了娇骄二气，开始乐道于享受生活，放松了自我要求，怕苦怕累，对工作不再兢兢业业，对待遇斤斤计较，这些现象大家必须防微杜渐。不能改正的干部，可以开个欢送会。全体员工都可以监督我们队伍中是否有人（尤其是干部）懈怠了，放弃了艰苦奋斗的优良传统，特别是对我们高层管理者。我们要更多地寻找那些志同道合、愿意与我们一起艰苦奋斗的员工加入我们的队伍。我们要唤醒更多的干部员工认识到艰苦奋斗的重要意义，以艰苦奋斗为荣。"

自制力对人来说极其重要，如果一个人的自制力差，那么他的成就将很有限。在心理学发展史中有个很著名的实验，瓦特·米舍和他的学生将一些 4 岁大的孩子置于残酷的两难处境中。这些孩子可以自行选择是要一个随时就可以拿到的小奖励（一块奥利奥饼干），还是在充满考验的环境中苦等 15 分钟，然后得到更大的奖励（两块小甜饼）。每个孩子得单独待在一个房间里，面前有张桌子，桌上有两件东西：一块饼干和一个铃铛。孩子可以随时摇铃通知研究人员并能领到一片饼干。根据描述，实验条件和规则如下："玩具、书、图画或者任何其他会使孩子们分心的东西都不在房间里。研究人员离开房间 15 分钟后才会回来。不过孩子要是摇了铃、吃掉饼干、站起身或者表情痛苦，研究人员也会回来。"

研究人员通过一面单面镜观察孩子，他们等待期间的行为常会使观察者大笑。有些孩子成功地经受住了 15 分钟的考验，其成功原因是他们能把注意力从诱人的奖励上移开。10 年或 15 年之后，那些忍住了诱惑和没忍住诱惑的孩子之间出现了很大差别。忍住了诱惑的孩子在认知任务——尤其是高效地重新分配注意力方面的控制力更强。当然他们染上毒品的可能性更小。智力水平的巨大区别也随之出现：在 4 岁时表现出更强的自我控制能力的孩子在智力测验中得到了更高的分数。

慎独、忍耐、坚持不懈等等其实都属于自制力范畴。而"放纵自己""做自己高兴做的事""图痛快"，追求"完全的自由，无拘无束"这些都是自制力差的表现。

华为 CDMA（码分多址接入）、WiMAX & TD（全球微波互连接入）产品线总裁赵明在无线产品线第三届新员工大会上分享了自己在成长过程中，因忍耐和坚持而得到的收获："我刚进公司的时候做 CDMA WLL 终端，1998 年公司里系统是最重要的，终端只是配套，在工作上存在一定差别。有一次系统需要 100 部终端做容量测试，生产线嫌量少不愿意加工，做系统的人说需要至少先拿出 20 多个终端，时间催得很紧，生产线已经来不及，怎么办？当时我就和另外一名同事，带着焊工，在实验室里焊了一个多星期的硬件单板，从早焊到晚，硬是把20多个终端给焊出来了，满足了系统测试要求，晚上回家，由于长时间盯着电路板，都感觉有点恶心，通过这次的强化训练，练就了我超高的焊接水平。"

其实在工作中我们总会遇到不少此类重复又不增值的事情，从个人来讲，可能得不到技能上的提升，但对组织、对团队是非常有益的，需要你无条件地服从，不要去抱怨。很多时候，这种忍耐、坚持就会帮助你脱颖而出。

要提高自己的自制力，就要从日常生活的一点一滴做起，加强磨炼。美国物理学家富兰克林青年时代曾经下决心要"克服一切坏的自然倾向、习惯或伙伴的诱惑"。他给自己制订了一项包括13个名目在内的道德计划，逐条实行。比如，为了矫正闲谈和说笑话的习惯，他列了"沉默"一条，要求自己做到："除非于人于己有利之言谈，避免琐屑的谈话。"后来有一位朋友说他常常显露骄傲。于是他又把"谦逊"加入表中。他晚年撰写自传时，曾经谈起青年时代修炼自制力的计划，认为他的成绩应归功于节制。

14世纪，有个名叫罗纳德三世的贵族，是祖传封地的正统公爵，他弟弟反对他，把他推翻了。弟弟需要摆脱这位公爵，但又不想杀死他，便想了个办法。罗纳德三世被关进牢房后，弟弟命人把牢房的门改得比以前窄一些。罗纳德三世身高体胖，胖得出不了牢门。弟弟许诺，只要罗纳德能减肥并自己走出牢门，就不仅能获得自由，连爵位也能恢复。可惜罗纳德不是那种有自制力的人，他无法抵挡弟弟每天派人送来的美食的诱惑，结果不但没有减肥，反而更胖了。

画家丰子恺青年时代在日本学习绘画时，还同时攻读日语、英语、俄语。为了掌握外语，他孜孜不倦、刻苦攻读。有一段时间，他每晚伏在东京的旅店里读美国作家华盛顿·欧文的《见闻札记》，他给自己限定必须在几个星期内掌握书中的词汇。他将所有的生词抄在一张张卡片上，置于盒中，晚上到盒中抓摸卡片，温习新词汇。过了没多久，他就能顺畅地读完这部小说。他在短短的 10 个月中，打下了坚实的外语基础。谈到这种学习方法时，他说："我们要获得一种知识，可以先定一个范围，立一个预算，每日学习若干，则若干可以学毕，然后每日切实地实行，非大故不准间断，如同吃饭一般。照我当时求学的勇气预算起来，要得各种学问都不难，东洋西洋知名的几册文学大作品，我可以每日读完，德文法文等，我都可以依赖各种自修书而在最短时期内学得读书的能力……除了绘画不能硬要进步以外，其余的学问，我都可以用机械的用功方法来探求其门径。"

自制力可通过这些相关思考方式得以提升：

1. **全局处理**。意思是纵观全局，关注全盘计划。比如说：想要吃得健康，就应该重视最终目标，以及每次饮食如何利于或者不利于目标的实现。也就是说避免考虑当前环境中特定细节部分，而考虑全局情况下如何应对，做到冷静处理。有些人想将自制更多地加入训练体系中，可能就不考虑训练的细节，转而重视如何训练身心贯通。

2. **深层分类**。意思是考虑深层概念，而不是特定对象。如果过度关注每天进度的细节而忘记最终目标，任何一个长期计划都会陷入困境。将任务或者项目阶段化分类会有助于个人或者团队凝聚焦点，从而更好地完成任务。

《礼记》说："君子慎独。"品德高尚的人，即使独处，也能严以律己，自我约束。诱惑常常是对我们自制力的最大考验。要提高自己的自制力，在诱惑面前，我们需要从心出发真正地坚守正直的原则。

你可以想想马克·吐温的一句话，来解释如何做到克己自制："关键在于每天去做一点自己心里并不愿意做的事情，这样，你便不会为那些真正需要你完成的义务而感到痛苦，这就是养成自觉习惯的黄金定律。"

自律需要勇气，它让你不论何时都必须用始终如一的态度面对工作上的困难，实实在在去解决可能发生的问题。自律需要积极的态度，一个态度消极的人，永远也学不会如何在工作中找到最佳的方法，只能在面对工作时闷闷不乐，坐等着"天上掉馅饼"。自律影响你的思维模式，一个自律的人永远想的是如何去更好地完成工作，而不是投机取巧。自律能够磨炼你的意志，让你一遍又一遍完善工作、技能，在磨炼中提高自我的能力。自律就像一个取之不尽的财富宝藏，让你终身受益。

第3节　脚踏实地地去实行

尽管我们一直强调方法，但有一点需要特别注意，那就是：重视方法，但决不投机取巧。方法再好，也需要脚踏实地地去实行。

任正非曾这样说过：

《华为人》报的文章《板凳要坐十年冷》是多么好的阐述。在冷板凳上坐的都是一代英豪。科学是老老实实的学问，要有思想上艰苦奋斗的工作作风，要有坚定不移的精益工作目标，要有跟随社会进步与市场需求的灵活机动的战略战术。做实不是没有目标、没有跟踪、没有创新，但没有做实就什么也没有。君不见周劲、余浩泽、吴昆红、谷丰、张来发、张群等人的点滴奋斗与持之以恒的努力，踏踏实实地在本职岗位上不断地进取，太阳已经在地平线下升起。

英国著名作家特罗洛普在刚刚从事写作的时候，一个作家的建议使他终身受益，后来，他又把这句话送给了罗伯特·布坎南。他说："如果你想成为名垂千古的作家，在坐下来写作之前，先放一点鞋匠的粘胶在椅子上，有这样的创作精神才有希望成功。"

贝克汉姆是英格兰足球队的"灵魂"。他是世界上最好的右路传中球、任意球和角球的球员，曾经连续两年在世界足球先生和欧洲足球先生评选中名列前茅。而且他的外表十分帅气，是足球场上当之无愧的"万人迷"，也是无数世界球迷心中完美的偶像。

很多人希望了解他成功的秘诀，有一次，一位记者在贝克汉姆的家里采访他的父亲时问道："您儿子踢球踢得那么出色，平时训练时一定有什么秘密武器吧？"

贝克汉姆的父亲听了哈哈大笑，说："的确有秘密武器，你看，就在那里！"顺着贝克汉姆父亲指的方向，记者看到了院子里挂在一棵大树上的汽车轮胎。看着记者迷惑的眼神，贝克汉姆的父亲说："小时候，那个轮胎就是他的球门，每天，他就这样一次次从不同的角度、不同的距离向那里射门。"答案其实就这么简单：方法加上勤奋。

世界上永远没有一劳永逸的事情。要想得到，必须先付出。就像银行的存款一样，要想从银行取到钱，就必须得先存钱进去，生活和工作中的原理也是一样的。任何投机取巧的行为可能让你获得一时的成功，但长期以这种侥幸的心理取胜最终对你将是一种莫大的伤害。

很久以前，有一个农夫一直用老黄牛和骡子一起耕种，它们耕种得都非常辛苦。一天，骡子对老黄牛说："今天我们装病吧，休息一下好吗？"老黄牛却答道："不行啊，我们需要把工作做完，因为耕种的季节太短了。"

但骡子还是装病了，农夫给它弄来新鲜的干草和谷物，尽量让它舒服些。等老黄牛耕种回来，骡子询问田地里的情况如何。"没有以前耕种得多，"老黄牛回答道，"但我们也耕种了相当长一段距离。"骡子又问道："主人有没有说我什么？""没有。"老黄牛回答。

第二天，骡子还想偷懒，就再次装病。当老黄牛从田地里回来时，骡子问道："今天怎么样？""还不错，我认为。"老黄牛答道，"但还不是太多。"骡子又问道，"主人说我什么没有？""什么也没有对我说，"老黄牛说，"但是，他停下来和屠夫说了好长时间的话。"

十几年前，第一批华为人来到印度开拓市场。到 2001 年，代表处仅有十来人，大家在古尔冈的宿舍办公，客厅里放着打印机和传真机。最早的销售从数通、光网络和终端开始，有些产品一年只有十几万美元的销售额，而且必须通过代理商运作。2002 年，他们拿到了一个上千万美元的销售项目，成为公司当年十大千万级重点项目之一。但直到 2006 年，系统设备的销售额始终没有上去。由于内外条件不具备，遭受了较大挫折，被迫削减人员。赵巍留了下来，一干就是 7 年多，成为在印度代表处工作时间最长的中国员工。他强调说："要不断调整自己的心态。"赵巍是来印度做市场财经的。当时代表处十几个人不是客户线就是产品线，市场财经"两头不靠岸"。赵巍回忆道："那时英语不行，与当地人在电话里约个见面地点也要靠同事帮忙翻译，所以连电话都不敢接。语言不过关，同事不认可，再想到国内才一岁的女儿，恨不得马上回国算了。"但他坚持下来，主动包揽了代表处的开发票、清关、拟合同、发货等工作，总之没人做的事他都去做。2002 年的千万美元的销售合同文本，他参照一个简单的合同指引，用了一个月的晚上时间拟制出来的，顺便还学了点商务英语。可是客户开不到信用证，融资成为回款的关键。赵巍一边与客户和代理商谈合同，一边为客户找融资，压力之下，出了一身的疹子。后来信用证顺利开出，赵巍的工作能力和价值得到了认同，也增强了他留下来的信心。有了这次经历，此后数次面对转岗、调动、回国的选择，他始终抱着让自己适应环境的心态。2007 年赵巍转到客户线，2008 年成功拿下代表处当年最大的销售合同。赵巍通过不断调整心态，扎根在印度，脚踏实地，最终成长为管理和业务骨干。

一个人的工作，就如同他亲手制作的雕像，是美丽还是丑陋，是可爱还是可憎，都是由他自己决定的。而主管可以通过员工在工作中所做的每一件小事，对他进行评价。所以，不管你正处于工作的哪个阶段，都应该全心全意做好本职工作，这样才能使自己得到成长。

每一次成功都需要脚踏实地地实干，成功无法投机取巧，那些只想着投机取巧的人，最终只能钻进人生的死胡同。

第4节　主动学习才能事业长青

"上半年做了些新员工培养工作，并因此获得所长奖。如今转到新的岗位，花了两个中午总结自己的成长心得，希望对新员工在华为的成长有帮助。

"华为的平台很大，不必担心被埋没。2009年，领导安排我去整改产品升级规则。我当时的第一感觉是：被边缘化了。老大居然让我做这种不出绩效的事情：一个巨烂无比的摊子、连续出现数起网上问题、没人敢去改。而且做升级规则的同事大都已离职。

"但是，好胜心驱动着我疯狂学习，四处拜师。我研究透了升级规则的运行机制，然后搭建了一套测试平台，建立起长期质量看护体系。我还因此获得了优秀实践奖。"一位华为人这样说道。

其实，没有边缘化的工作，只有边缘化的行为！只要你觉得你行，并足够努力，不必担心被埋没。每一个困难的背后，都可能隐藏着巨大的自我提升机遇。无论工作还是生活，积极思维都很重要。

美国职业专家指出，现在的职业半衰期越来越短，高薪者若不学习，不出5年就会变成低薪者。据统计，25周岁以下的从业人员，职业更新周期是人均一年零四个月。当10个人中只有1个人拥有电脑初级证书时，他的优势是明显的；而当 10 个人中已有 9 个人拥有同一种证书时，那么原有的优势便不复存在。

任正非在一次回答新员工提问的时候这样说道："认识新事物、认识新问题总是反反复复，不可能一步就认识到本质。因此我们都应该不断努力学习，不断提高认识事物、认识问题的能力。你们还要特别注重向别人学习，看看你身边的老员工是如何做的，学明白了再去创新，一点一滴、一步一步走向成熟。"

敬业的员工深知学习的重要性，只有主动学习才能保证自己的事业长青。对于员工来说，通过不断学习提升自己的技能是自己的责任。

创办"优衣库"品牌的柳井正，是 2009 年日本新科首富，关于他的传奇致富经历，一时传为美谈。而最为人们称道的是他的勤奋。小川孔辅是日本法政大学经营系的教授，他第一次与柳井正会面时，就对他留下了深刻的印象。谈话过程中，柳井正不仅认真聆听，而且还不停地记录，记下认为对自己有益的观点，还时不时地提出心中的疑惑，以求解答。2002 年，小川孔辅断言："这个人还有飞跃的空间。"果然，2009 年，柳井正成为日本首富。

何止记笔记这么简单，在柳井正事业发展过程中，他不仅自己抽出大量时间学习，掌握最前沿的技术，还自己掏腰包每个月给员工提供一本书，督促他们学习。正是由于勤奋，不仅成就了他自己，也成就了他的员工。

华为的一位员工有这样的经验："在华为这样的环境里，我深切地感觉要做一个开放自我的人，只要你愿意学习，那里就会有很多很多不同老员工贡献出来的经验供你享用，取之不尽，用之不竭，这真的是一笔巨大而无形的财富。在公司的 IT 平台上，你可以找到传输培训专栏中很多命名为'他山之石'的实用性技术资料供你借鉴；也有很多部门制定的硬件设计规范，新员工看了之后可以加深对已有设计的理解，直接切入单板的设计和调试。"

在技术潮起潮落的今天，任何一项技术的保险度都不高，短则三五个月，长则一两年，基本上就过时了。因此，只有不断充电，才能适应工作的要求。

一位业内人士就曾这样说："与其等到下岗时再培训，不如在岗时充电。"他是一家网络公司的工程师，做网络编程工作。在行业受大环境影响普遍不景气的情况下，他所在的公司也准备裁人。此时，听到风声的员工大多惴惴不安，担心裁人的利刃会挥向自己。在所有同事中，只有他整天乐呵呵，好像没这回事一般。

他的不焦急并非是他乐天知命，也不是与老板有什么亲戚关系。相反，他做事极其谨慎，而且还有点胆小怕事。他的乐观情绪与严峻的形势形成了鲜明反差，叫人捉摸不透。仔细打听才明白，他的乐观来源于他的不间断的培训。就职以来，他从未停止过培训，不管是自费，还是公司出钱，从未因各种原因而搪塞。他曾自豪地说他是站在技术最前沿的人。他说得够狂妄，但又不得不令人信服。最终，他不但未被裁掉，反而因技术过硬而得到老板的赏识，被提拔为公司副总，待遇比以前还高。

工作是一个人一生中必须要经历的过程，工作又同时是一种实践，通过这一实践我们能学到更多的职业技能，积累更多的从业经验，因此，工作就是最直接的学习。要想成为一名学习型员工，下面给出一些建议：

1.培养学习的动力。学习的动力来自不断求知上进的内在要求，也来自竞争和生存的外在压力。如今的市场竞争很激烈，知识与地位、财富的联系越来越紧密，给学习者增添了无穷动力。

2. **持之以恒地学习。** "临渊羡鱼，不如退而结网"，谁不想在工作上做出成绩，但又不能不付出汗水和辛勤劳动。

第5节　成功因为辛勤耕耘

哪个人的成功不是因为辛勤耕耘？虽然辛勤耕耘不一定有好收获，但不耕耘却一定毫无收获。对于个人如此，对于企业依然如此。

任正非曾这样要求华为人要继续保持艰苦奋斗的作风，他这样说道："2005 年春节晚会上，《千手观音》给了我们很大震撼。那些完全听不到声音，也许一生都不知道什么是声音的孩子，竟然能形成那么整齐划一的动作，那么精美绝伦的演出，其中的艰辛和付出可想而知。华为数万名员工，正同他们一样，历经千辛万苦，才取得今天一点进步。但我们始终认为华为还没有成功，华为的国际市场刚刚有了起色，所面临的外部环境比以往更严峻。全球超过 10 亿用户使用华为的产品和服务，我们已经进入了 100 多个国家，海外很多市场我们刚爬上滩涂，随时会被赶回海里；网络和业务在转型，客户需求正发生深刻变化，产业和市场风云变幻，刚刚积累的一些技术和经验又一次面临自我否定。在这历史关键时刻，我们决不能分心，不能动摇，不能因为暂时的挫折、外界的质疑，动摇甚至背弃自己的根本，否则，我们将自毁长城，全体员工的辛勤劳动就会被付之东流。无论过去、现在，还是将来，我们都要继续保持艰苦奋斗的作风。"

曾有人问李嘉诚的成功秘诀，李嘉诚讲了一个故事。日本"推销之神"原一平在 69 岁时的一次演讲会上，当有人问他推销的诀窍时，他当场脱掉鞋袜，将提问者请上讲台，说："请摸摸我的脚板。"提问者摸了摸，十分惊讶地说："您脚底的老茧好厚呀！"原一平说："因为我走的路比别人多，跑得比别人勤。"提问者略一沉思，顿然醒悟。李嘉诚讲完故事后，微笑着说："我没有资格来让你摸我的脚板，但我可以告诉你，我脚底的老茧也很厚。"

英国画家雷诺兹认为："天才除了全身心地专注于自己的目标，进行忘我的工作以外，与常人无异。"一位法国作家这样评价米开朗基罗："我见过米开朗基罗，他 60 岁的时候身体已不是那么强壮了，但他仍然在大理石上飞快地挥舞刻刀，弄得石头的碎屑四处飞溅，他一刻钟干的活比 3 个棒小伙 1 小时干的都多。没有亲眼见过的人简直难以置信，他工作起来真是精力充沛、生龙活虎。"很多人知道，做雕刻工作就怕分寸把握不好，有时多削一根头发的厚度都不行，在一般人眼里，米开朗基罗的做法可真够悬的，他手里是一块石头，又不是可以修修补补的泥巴或石膏。但是米开朗基罗却能恰到好处，他把握住雕刻的力度与厚度。而这靠的就是对雕刻工作全身心的投入，与工作完全融为一体，靠潜意识引导来充分发挥自己的天赋。

坚持者能在命运风暴中奋斗。河蚌忍受了沙粒的磨砺，坚持不懈，终于孕育绝美的珍珠；顽铁忍受了烈火的淬炼，坚持不懈，终于炼就成锋利的宝剑。

稻盛和夫先生五十年如一日，勤勤恳恳，拼命工作。在毫无任何背景的情况下，亲手创造了"京瓷"和"KDDI"两家世界 500 强的知名企业。他的多本著作里提到他总结的"六项精进"。而这六项中的首项就是"付出不逊于任何人的努力"。他大学毕业刚参加工作时，由于工厂效益不好，经常拖欠工资。一起分到该企业的 5 名大学生，在不到 2 个月的时间里走了 4 人。他本人也想离开，但由于家庭反对，他坚持留了下来。与其牢骚满腹，消极怠工，不如努力工作，日日精进地过好每一天。于是他把自己的铺盖及生活用品全部搬进了实验室，集中全部精力，夜以继日地工作。半年后他就开发出和当时国际一流技术相媲美的新型陶瓷产品，让公司接到了订单。在他尝到辛勤劳动所换来的甘甜后，他更加努力地工作。即使他担任了董事长，而且企业进入世界 500 强后，他也总是换上工作服去车间检查和指导工作。

一位优秀的华为人张北雁，在担任秘书职务工作期间，其认真努力的态度为华为人广为认同。她有着这样的记载："那是哪一天，好像快过元旦了吧，办事处放了 3 天假，同事们暂时忙完了手中的工作，陆陆续续回去了。夜里 11 点了，销售副主任还在那里奋笔疾书，看见我，说他要回公司总部开销售例会，正在写全年工作总结与下一年的工作计划，让我留下来帮忙统计一下销售数据并把手写稿录入电脑。

"记不清统计了多久，也记不清时间是怎么从身边流过的，只记得销售副主任把写完的手写稿给我几页，我就录入几页，需要什么数据就帮他统计什么数据，只记得东方白了又黑了，黑了又白了，只记得饿了就简单吃几口桌上的方便面，而渴了却连去接水的时间都舍不得，冷了就找件军大衣披在身上……

"三天两夜，我们终于完成了这个报告，78 页的报告，字里行间，分析用的基础数据看得都那样亲切，销售副主任带着我准备好的资料赶赴机场，我也走出大厦，冬日的阳光照在我的身上，一种充实满足感充满了我整个身心，完成工作的心情真好！"

第 6 节　付出越多，认可越高

"奋斗就是付出，付出了才会有回报。多年来我们秉承'不让雷锋吃亏'的理念，建立了一套基本合理的评价机制，并基于评价给予激励回报。公司视员工为宝贵的财富，尽力为员工提供好的工作、生活、保险、医疗保健条件，为员工提供业界有竞争力的薪酬，员工的回报基于岗位责任的绩效贡献。"华为总裁任正非如是说。

雷尔出生在美国一个工薪阶层的家庭中，因为兄弟姐妹比较多，高中毕业，便到一家百货公司去上班。当时，雷尔每周只能赚 2.8 美元。但是，他不甘心就这样工作下去，于是努力改变自己的工作境况。经过几个星期的仔细观察后，雷尔注意到主管每次总要认真检查那些进口商品账单。由于那些账单用的都是法文和德文，他便开始在每天上班的过程中仔细研究那些账单，并努力钻研、学习与商务有关的法文和德文。有一天，他看到主管十分疲惫和厌倦，于是他就主动要求帮助主管检查。由于他干得实在是太出色了，以后的账单自然就由他接手了。

3 个月过后，雷尔被叫到一间办公室里接受一个部门经理的面试。这个部门经理说："我在这个行业里干了 40 年，根据我的观察，你每天都在要求自己不断进步、不断在工作中改变自己，以适应工作要求。从这家公司成立开始，我一直在从事外贸工作，也一直想物色一个像你这样的助手。因为这项工作涉及面广，工作比较繁杂，需要的知识很庞杂，对工作的适应能力要求也特别高。我们一致认为，你是一个十分合适的人选，我相信公司的选择没有错。"尽管雷尔对这项业务一窍不通，但是，他凭着对工作不断钻研、学习的精神，让自己的能力不断提高。半年后，他已经完全胜任这项工作。一年后，他接替了那位经理的工作，成了这个部门的经理。他之所以能如此快速地升迁，就在于他每天驱策自己多做一些工作。

日本保险"推销之神"原一平身高不足 1.60 米，相貌一般，这些不足之处影响了他在客户心中的形象，他起初的推销业绩很不理想。原一平后来想：既然与别人相比我的确存在一些劣势，那就让勤奋来弥补它们吧。为了实现他争第一的梦想，原一平全力以赴地工作。早晨 5 点钟睁开眼后，立刻开始一天的活动：6 点半往客户家中打电话，最后确定访问时间；7 点钟吃早饭，与妻子商谈工作；8 点钟到公司去上班；9 点钟出去行销；下午 6 点钟下班回家；晚上 8 点钟开始读书、反省、安排新方案；11 点钟准时就寝。这就是他一天的生活，从早到晚一刻不闲地工作，把该做的事及时做完，从而摘取了日本保险史上"销售之王"的桂冠。

第一个来自亚洲的 IETF（国际互联网工程任务组）女主席邹婷，也是第一个由中国设备商华为培养的国际互联网工程任务组主席。她说："我只是用业余时间多做贡献，在技术上结合工作中对网络的理解，实事求是，获得了专家们的认可。如果说有什么诀窍？唯一一条就是：付出越多，认可度越高。"

华为的优秀员工，网络安全部秘书 Eva 在华为这几年的工作感受是这样的："少说多做，轻松享受。事情多了或者是有什么不顺利了，用点阿Q精神自我安慰一下，少一点抱怨；比别人多做一点，再比别人做好一点，你就能走在别人的前面；压力大了，别太紧张，轻松一点；有工作做就是值得开心的事情。"

要像石匠一样，一次次地挥舞铁锤，努力把石头劈开。也许100次的努力和辛勤地捶打都不会有什么明显的结果，但最后的一击石头终会裂开。成功的那一刻，正是你前面不停地刻苦努力的结果。成功就像爬山，不要妄想着飞到顶峰，要靠一滴汗水加上一个脚印去攀登，一蹴而就只是一厢情愿的臆想。

第 7 节　比别人多点坚持

世界上最容易的事就是坚持，最难的事也是坚持。能否坚持不懈，是界定一个人成功与失败的分水岭。就像马拉松赛跑，最初参加的人可能有成百上千人，但是跑出一段路程之后，参赛的人便渐渐少了。原因是坚持不下去的人，逐渐自我淘汰了，而且越到后面人越少，全程都跑完能够冲刺的人更少。但奖牌就在这些能坚持到最后的人当中产生。马拉松赛跑与其说是赛速度，不如说是毅力，就是看谁能够坚持到最后。

2004 年 3 月 21 日早上，华为员工苗清在从杭州开完会回深圳的火车上，接到了网管中心 S 科长的紧急电话。原来，前一晚华为某个系统升级可能造成友商提供的短信设备工作异常，主要表现在短信下发成功率很低。由于该厂商没有技术人员在现场，网管中心要求华为协助找到问题产生的原因。

苗清与服务经理下火车后立即赶往机房，华为的技术支持人员已经在设备机房现场。经过仔细测试，大家发现，问题产生的原因是该友商的短信设备异常切换造成短信下发失败。S 科长一早赶过来，忙活了几个小时，还没有吃饭。当问题检测出来了，大家本以为 S 科长会回家，她却说："既然来了就再工作半天，能多处理一些就多处理一些事情。"于是她继续坚持工作。

一名保险推销大师，他的退休大会吸引了保险界的精英前来参加，当人人询问他推销保险的秘诀时，他微笑表示不必多说。这时，全场灯光暗了下来，接着从会场四周出现了 4 名彪形大汉，合力扛着一座铁马，铁马下垂着一只大铁球。当现场人士"丈二和尚摸不着头脑"时，铁马被抬到讲台上了。

那名保险推销大师走上台，朝铁球敲了一下，铁球没有动，隔了 5 秒，他又敲了一下，还是没动，于是他每隔 5 秒就敲一下，持续不停，但是铁球还是一动也没动，渐渐地台下的人开始骚动了，陆续有人离场而去，但推销大师还是自顾自地敲铁球。人愈走愈多，留下来的只有零星几个人。终于大铁球开始慢慢晃动了，过了 40 分钟后，大力摇晃的铁球再也停不下来。"这就是我的秘诀：坚持必然会有结果，但只有耐心的人才可以得到这个秘诀。"推销大师最后说道。

在希望与失望的决斗中，如果你用勇气与坚决的双手紧握着，胜利必属于希望。古罗马时代著名斯多亚学派哲学家塞内加表示："只要持续地努力，不懈地奋斗，就没有征服不了的东西。"

第二次世界大战后，功成身退的英国首相丘吉尔应邀在剑桥大学毕业典礼上发表演讲。

在邀请方一番隆重但稍显冗长的客套之后，丘吉尔走上讲台。只见他两手抓住讲台，注视着观众，大约沉默了 2 分钟后，才开口说："永远，永远，永远不要放弃！"接着又是长长的沉默，然后他又一次强调："永远，永远，不要放弃！"最后，他再度注视观众片刻后回座。

场下的人这才反应过来，紧接着便是雷鸣般的掌声。这场演讲是演讲史上的经典之作，也是丘吉尔最脍炙人口的一次演讲。

丘吉尔用他一生的成功经验告诉人们：成功没有秘诀，如果有的话，就只是两个。第一个是坚持到底，永不放弃；第二个就是当你想放弃的时候，回过头来照着第一个秘诀去做，坚持到底，永不放弃。

正是"坚持"成就了华为在刚果（布）的第二代客户经理黄珍。对于在刚果（布）的开拓过程，黄珍有着这样的记载："初到刚果（布），我负责的 M 客户在 1 年前就已经与友商签署了合同，由于其交付能力不足，客户意见很大。我们获取了信息后，认为这是突破的最好和最后机会。但是第一轮报价出来让我们大跌眼镜，我公司报价比友商合同价格高很多，这样的 offer（出价）交上去肯定没戏。经过多次讨论之后，策略终于定下来了，我们很快输出了一份令人满意的 offer。客户开始有所松动，又经过了半年多的拉锯谈判和项目运作，客户终于决定取消原合同，跟我公司签单。第一年合作我们就实现了 2500 万元的销售订货，取得了当地第一大运营商多个重点产品及重点区域的突破，当年新增市场份额竟然超过了原先厂商。

"回想当初讨论成本的时候有人说：太困难，实在不行我们不做了。其实我自己心里也曾闪过这个念头，但很快就打住了。这么关键的项目，机会稍纵即逝，如果我自己都不能坚持，不去争取，又怎么能激发大家的斗志呢？那样的成本分析会我现在很少遇到了，虽然会疲惫、瞌睡、口干舌燥，但成就感十足。记得那天还有人在食堂煮了面条做夜宵，那顿面条真好吃啊。我经常在觉得苦的时候想'再撑一撑，肯定能撑过去'，正是这些信念给了我不可估量的作用。

"这一年，从国内带来的衬衣被洗成了浅黄色，深色的裙子也洗得发白。由于当地经常堵车，我索性走路去拜访客户，到最后高跟鞋都被磨成了平底鞋，一次偶然听到鞋底的金属咔嚓声，我才发觉'路走得有点多了'。"

第 8 节　忍受寂寞，战胜孤独

耐得住寂寞，守得住寂寞，用勤奋的韧劲攻关夺隘。在寂寞的独处中，有时最能调动人的才思。如果人不善于独处，不能享受寂寞和孤独，就难以听到内心的要求和期待。

能够毕生忍受孤独的人，能在孤独中不懈追求人生价值，不断创造成果的人，是最令人钦敬的。寂寞是辉煌的前奏，成功者都有耐得住孤寂的秉性。可以说，人不独处，就不会有冷静而缜密的思考，不能忍受孤独、寂寞的人是决然干不成大事的。

任正非曾描述了华为创业初期，华为人的工作状况："创业初期，我们的研发部从五六个开发人员开始，在没有资源、没有条件的情况下，秉承上个世纪'两弹一星'艰苦奋斗的精神，以忘我工作、拼搏奉献的老一辈科技工作者为榜样，大家以勤补拙，刻苦攻关，夜以继日地钻研技术方案，开发、验证、测试产品设备……没有假日和周末，更没有白天和夜晚，累了就在垫子上睡一觉，醒来接着干，这就是华为'垫子文化'的起源。虽然今天垫子已只是用来午休，但创业初期形成的'垫子文化'记载的是老一代华为人的奋斗和拼搏，是我们需要传承的宝贵的精神财富。"

华为人忍受着在节假日没有与亲人团聚，忍受着孤独与寂寞，勤勤恳恳、埋头苦干，不害怕"板凳要坐十年冷"，所以华为的技术总能在国际上领先。

想要成就一番事业，实现人生追求，需要的是那种冷静与执着，那份平淡与坚守。成大事者能够在寂寞中承受孤独，在孤独中厮杀黎明。

上海盛大网络发展有限公司总裁陈天桥，在1993年盛夏，以优异的成绩从复旦大学提前毕业。满怀抱负的他被分配到陆家嘴集团公司，每天在一个小房间里放映有关集团情况介绍的录像片，一放居然就放了10个月。10个月里，陈天桥根本无法去跟别人谈论自己的远大理想，也没办法在简单的放映工作中施展他的才智和抱负。他第一次体验了人生巨大的落差。

陈天桥提起往事说道："我从复旦大学毕业是跳级生，又是全市优秀学生干部，过来就让我干这个。"这时候，年少气盛者或许会很快走人，去找个不会如此"委屈"自己的地方。但是陈天桥的过人之处在于，他很快就意识到寂寞也是磨炼意志的绝佳机会。这段时间，他潜心读了很多管理书籍。

"我认识到，无论有怎样的抱负，首先是要社会接受你，而不是你去要求社会来适应你，这是当时一个很大的收获。"陈天桥说，"在我当时这样一个年纪，这样一个背景，我能耐得住10个月的寂寞，躲在一个小房间里放录像，我自己感觉这对后面的年轻人还是有所启示的。很多年轻人觉得自己怎样怎样，要干这个，要干那个，但无论干什么，首先要适应环境，而不是等着环境来适应你。"

年仅20岁的陈天桥在这期间所品尝到的寂寞滋味，转化成了日后享用不尽的财富。在结束了10个月的放映员生涯之后，恰逢集团下属的一家企业有干部挂职锻炼的机会。这个难得的机会被勤勉工作的陈天桥所得到，自然是情理中的事情。

集团当时选定陈天桥担任那家有着 200 多人企业的副总经理，之后陈天桥回忆起来，不无感慨地说："如果那样的日子再延长 10 个月，我可能就坚持不下去了，而今天的人生道路可能也就变成另外一副样子了。"

在挂职锻炼期间，来自复旦大学经济系的教育背景使陈天桥拥有出色的战略眼光，而寂寞的锤炼更使其克服了一般年轻人好高骛远、眼高手低的毛病。在这家企业，陈天桥试着运用自己专业所学与平日里对管理之道的思考，陆续推行了一系列卓有成效的改革措施，并逐渐形成了自己独特的战术和管理风格。而不久之后，表现出色的陈天桥被直接晋升为集团董事长兼总裁秘书。[①]

真正懂得寂寞的人只是善于利用寂寞罢了，利用躯体的寂寞换来自己心与心的对话，它或许是短暂的，但它又是必需的，在浮躁喧嚣的当代社会尤其难能可贵。

2001 年 1 月，华为总裁任正非在欢送海外将士出征大会上这样说道："雄赳赳、气昂昂，跨过太平洋……当然还有大西洋和印度洋。是英雄儿女，要挺身而出，奔赴市场最需要的地方。哪怕那儿十分艰苦，工作十分困难，生活寂寞，远离亲人。"

在国外的华为人，和国内相比，有着不能同日而语的生活、工作条件，有无法告人的孤独和寂寞感。很多在非洲的华为人都经历过痛苦无奈、惊慌无助、孤单寂寞、思念彷徨。一位华为人这样写道："心

---

① 秦涛. 小山村的大人物陈天桥 [J]. 光明日报，2007.

情其实像大海，虽起伏不定但终究会被广阔的天地包容。就是在这样的峥嵘岁月里，那些永远坚守着自己的目标、不言放弃的人，在不经意中顽强地成长起来。成长，或许本身就是用当期的痛苦去交换未来征途的坦荡，当走过一段路而蓦然回首的时候，又总是会发现过去的一切坎坷其实不过如此。"

第 **5** 章

实践是水平提高的
基础

CHAPTER 5

实践是您水平提高的基础，它充分地检验了您的不足，只
有暴露出来，您才会有进步。实践再实践，尤其对青年学生十
分重要。

——任正非

第 1 节　实践可以补充不足

在华为，进步很快的新员工，是那些带有"学徒心态"的人，是那些关注每一个学习机会的人，哪怕是会议纪要、换货退货等小事。新员工的学习对象有很多：导师、老员工、客户，甚至竞争对手。

归零心态很重要，把自己定义为一块海绵，吸收得越多，将来所能发出的光和热就越多。办事处的案例，项目分析会，其他人不经意的交流和讨论，客户意见和建议，这些都是自己学习的教材。

在华为，硬装工程营算是最有特色的培训之一了。在 2-5 周的时间里，参训员工和教官、施工队一起扛设备、一起吊装、一起布线……借由这种回归本源的方式，深入一线交付的"最后一公里"，安装设备，了解工程交付流程、安装质量规范、进度和交付管理。

无论是刚入职的新学员、工作经验丰富的资深员工，还是爬山、蹚水、穿越丛林的"泥腿"教官，装了半辈子通信设备的施工队长，在这场"最后一公里"的"战役"中，拧成一股绳。

在华为，凡是没有基层管理经验，没有当过工人的，没有当过基层秘书和普通业务员的，一律不能提拔为管理层，哪怕是博士也不行。学历再高，如果没有实践经历，也不可能成为一个合格的管理者。

华为董事长孙亚芳曾这样写道:"公司在产品集成开发、IT 建设、人力资源、财务、生产工艺等领域请了西方顾问公司,我们这一层管理人员要把自己从具体业务中解脱出来,在管理项目的推进中认真学习,这些项目的推进仅靠管理项目核心组的成员是不可能的,高层的参与和推动是项目成功的关键。我们许多高级干部处在这么好的在实践中学习的环境中,还在四处找读 MBA(工商管理硕士)的地方,还是不甘'无为'。因此,'无为'不是一件容易的事,尤其是甘于在工作实践中去认真改进。"

2016 年,任正非在其新年致辞中这样说道:

> 我们要提高作战队伍的能力,连长首先必须是少将,他们必须具有管理确定性的能力,以及对不确定性事情有清晰的视野与方向感。连队也必须具有师一级的火力。机关的主管,必须要有成功的实践经验,而且必须不断循环上战场,为何不可以再有"中将"班长呢?少将上前线,不仅自己贴身现实,而且对年轻苗子的感染力,是非常有力的传帮带。

华为在很早以前就设置了两条平行的职业通道:管理类——行政干部,其发展路径为基层业务人员→骨干→基层管理者→中层管理者→高层管理者;技术类——技术专家,其发展路径为基层业务人员→骨干→核心骨干→专家→资深专家。

两类职位的级别基本对应,对应的级别可以享受相同的待遇。这样,华为人就有了更明确的工作目标——选择适合自己或愿意去走的职业上升通道,管理型人才可以走管理专家的道路,技术型人才可以走技术专家的道路。两条职业通道的设置，有效地避免了大家都走管理独木桥的局面。

在华为，干部选拔的最高标准是实践。不论是专家还是管理者，任正非曾明确提出：

> 实践是您水平提高的基础，它充分地检验了您的不足，只有暴露出来，您才会有进步。实践再实践，尤其对青年学生十分重要。

管理咨询大师拉姆·查兰表示："思考并不能使我们养成一种新的实践方式，而具体的实践却可以帮助我们形成一种新的思维方式。"

专家要"养用"结合

专家要从实践中来，到实践中去，"养用"结合。

真正的专家要源于一线，也要走向一线。

对于专家的培养，华为有一些人过去有一些成见和误解，往往认为总部才是专家的摇篮。理由很简单而且看似合理：总部资源丰富，视野开阔，同时距离研发最近。从而做一线时间过长也成为很多人解释自己技术退化，知识沉淀不足的自然而然的借口。这些认识固然有一定的道理，但是仔细推敲却不见得有其内在的必然性，并且容易让人忽视一线的实践对于专家培养的重要性。正如有位客户这样评价华为的技术人员：你们有些专家能讲清楚光纤的种类，而讲不清楚光纤的熔接；能讲清楚设备功耗的指标，却无法为我推荐一款可靠的电池；能讲清楚业务发放的流程，却从来没有去过运营商的营业厅。

真正的专家是不能缺少一线经验的，专家最好的给养其实来源于客户。专家一定要从实践中来，到实践中去，要"养"和"用"相结合。学习专业知识，是"养"的过程；业务实践，则是"用"的过程。只会纸上谈兵，不会打仗，不能履行组织使命，不可能成为专家。但掌握专业知识，只是做到了成为专家的第一步，充其量算得上一个"理论高手"。因为在这个阶段，专业知识还只是"生产资料"，尚未形成实现组织绩效的"生产力"。GTS（全球技术服务部）作为一个客户服务型组织，要通过服务不断为客户创造价值。而创造价值的过程，就是一个运用专业知识的业务实践过程。因此专家一定要在掌握专业知识的基础上，不断深入业务实践，用自己的专业特长为客户和公司创造价值，同时在业务实践中，将专业知识转化为个人的专业技能，即在游泳中学会游泳。"养"和"用"相结合，使员工不断获得锻炼和成长，这也解释了为什么华为现在选拔专家，一定要看他（她）是不是有过在大项目中摸爬滚打的经历和经验，是否经受过一线战火的洗礼。

"您想做专家吗？一律从基层做起。"任正非曾这样说道：

实践改造了，也造就了一代华为人。"您想做专家吗？一律从基层做起"，已经在公司深入人心。一切凭实际能力与责任心定位，对您个人的评价以及应得到的回报主要取决于您的贡献度。在华为，您给公司添上一块砖，公司给您提供走向成功的阶梯。希望您接受命运的挑战，不屈不挠地前进，您也许会碰得头破血流，但不经磨难，何以成才！在华为，改变自己命运的方法只有两个：一、努力奋斗；二、做出良好的贡献。

2015 年，华为消费者 BG（Business Group，是华为公司 2011 年组织改革中按客户群维度建立的业务集团）战略预备队通过训战模式，实现人才循环，共训战 218 人，支撑一线 90 个作战项目，覆盖全球 15 个地区部、17 个重点国家。

2015 年，任正非在消费者业务年度大会上这样说道：

> 消费者 BG 要重视战略预备队的培养，既然你赚了钱，就要把一部分钱投入到战略预备队中去。战略预备队就是要快速地提拔，快速地培养一些种子，散遍世界各国，四面八方。

从有成功实践经验的人中选拔干部

为什么要选拔有成功实践经验的人呢？华为给出的答案是："不管大项目成功，还是小项目成功，他们总有一个适用的方法论，他们已不是仅仅拥有知识，而是知识已经转换成为能力。这些人再被培养后，又善于总结与自我批判，那么他们就会再有一点进步，贡献就会再大一分。"

任正非表示：

> 我们公司在干部选拔中，第一，一定要强调责任结果导向，在责任结果导向的基础上，再按能力来选拔干部。第二，强调要有基层实践经验，没有基层实践经验的机关人员，应叫

职员，不能直接选拔为管理干部。如果要当行政干部，必须补好基层实践经验这堂课，否则只能是参谋。虽然西方在很多价值观的评价上不一定正确，但是西方的很多管理方法都是正确的，我们公司只要把住价值观这道关，西方的很多管理模型我们是可以用的。

在实践中锻炼的人，为企业大发展所需的领导干部提供了后备力量。

任正非表示：

干部应该有主管本业务的实践经验，相关的实践经验也是可以的。只要是成功过的人，都会对成功有所理解。我因为有相关的实践经验，所以对人力资源的东西能够理解。很多人没有成功过，把握不住成功的突破口在哪，就循环做功课，这样运作的成本很高。领导一定要感悟到哪里是主要作战方向，主要矛盾是什么，要怎么解决才能成功。我们要求有基层成功实践经验，就是每个人都要能抓住主要的东西，这样工作效率最高，成本最低。现在公司机关有些人要去回炉，我主张找些小项目，去让他做小项目经理，小项目麻雀虽小，五脏俱全，做完以后拿来评一评，好就算补完课了。

"上甘岭上不会自然产生将军的，但将军都曾经是英雄"，"英雄不一定将来会是将军！……将军要通过自己的努力学习，全面提升自己的素质，以适应公司全球化的需要。"英雄是优秀的个人贡献者，将军是团队管理者。从英雄到将军，体现的正是优秀独立贡献者到管理者的跨越。

任正非表示：

不懂战争的人指挥战争，这一定是高成本。总部机关的干部一定要对自己服务的业务有成功的实践经验，并具有快速准确、任劳任怨的服务精神与服务能力。机关的职员也一定要有服务业务的实践经验。

第 2 节　做好本职工作就是英雄

一位毕业于美国宾夕法尼亚大学的华为新人，进入华为第一个月，做的工作是来到东莞参与硬装实践：

"第一天当我在朋友圈里面上传了几张上基站工作的照片，来自爹妈以及一众亲朋好友的'关怀'让我哭笑不得：'我觉得你之前应该去的不是美国，是蓝翔吧？'不少人觉得留学生应该养尊处优，从充斥着西装革履和交际酒会的常春藤校园来到施工现场，会有很大的心理落差。

"其实不然，硬装给我的感受非常特别，这里的生活似乎与过去的一切都不相关，却显得简单而真实。表面上看施工队的生活是简陋的——一台开起来几乎随时可以熄火的旧工程车，一箱破旧后修修补补过的工具，车里崭新的只有待安装的通信设备。但简陋的生活看起来又是如此纯粹，一整天的重体力劳动让他们看上去有些疲累，但眼角浅浅的弧度竟让人读出了惬意和快乐。

"我笑了笑，低头点亮了手机，看着屏幕左上角的 4G 信号，似乎明白了更多。建立一个全联接的世界，这项任务平凡又伟大。"

新员工刚刚步入职场，该如何做好自己的人生规划或职业规划？

华为给出的回答是："作为一个新加入企业的员工，最关键的是把自己的第一份工作做好。可能第一份工作跟你所想象的会有差距，面对这个差距，是用心去把它做好，还是得过且过，不同的态度决定了以后你被选择的机会。在你的第一份工作中展现了激情，表现出了良好的合作精神，做出了贡献，那么下次你被选择的机会就大。如果得过且过，那么以后你被选择的机会可能就变小了。

"每个人对自己的发展有些向往、有些想法，这是可以理解的，但最终自己从事的事业并不一定是当初刚步入职场时所规划的。人生的台阶要一步步垒起来，做好自己的第一份工作，培养自己的工作能力、激情和职业化的态度，就是在垒出自己的人生台阶。"

　　我们呼唤英雄，不让雷锋吃亏。雷锋精神与英雄行为的核心本质就是奋斗和奉献。在华为，一丝不苟地做好本职工作就是奉献，就是英雄行为，就是雷锋精神。

任正非这三句话说的其实就是敬业精神。

畅销书《把信送给加西亚》中有这么一句话：无论执行什么样的任务，或实现什么样的目标，选择合适的人担当重任是最为关键的。书中的美国总统麦金莱选择了年轻的中尉安德鲁·罗文去把信送给加西亚将军，就是一个最好的例证。正因为安德鲁·罗文有着非同一般的敬业精神和非同一般的聪明智慧，才顺利地完成了这一光荣的使命。

敬业就是员工要把高度的使命感注入自己的工作中，忠于职守、尽职尽责、一丝不苟，把工作当成生命来热爱，把岗位看成使命来坚守的一种精神。敬业精神是岗位工作的灵魂，也是一个员工最基本、最起码的岗位精神。

当一个人被周围的人称赞敬业时，他就是值得让人敬重并信赖的人！据调查，敬业员工的工作绩效要比不敬业的员工高出4-9倍。

一项针对40家全球性企业的调查发现，员工对工作的敬业度和公司业绩有着联系，该结果令人注目。此项调查对公司的业绩和员工工作的敬业度数据进行了回归分析，结果发现，员工敬业度最高的企业，总体营业收入及每股盈利按年分别上升了19%及28%，而员工敬业度最低的企业，其总体营业收入及每股盈利按年分别下降33%及11%。另一项历时3年的相关研究显示，员工敬业度最高的企业营运利润增加了3.7%，而员工敬业度最低的企业营运利润则下降了2%。

团队成员的敬业表现和职业素养决定了它真正的竞争力。任何一个想在竞争中立于不败之地的组织，必须有一批敬业的员工，并形成一种敬业的文化。如果成员普遍缺乏敬业精神，那么这个团队的竞争层次就难以达到更高的水平，无论它的战略制定得多么高明，也难以避免最后功败垂成。

一个团队需要成员的敬业精神，每个成员都兢兢业业，这个团队将是一个战无不胜的联合体。有敬业精神的团队成员才会成就有竞争力的团队。团队成员在敬业精神上的差距，决定了平庸团队与卓越团队之间的差距。团队成员强，则团队强；团队成员敬业，则团队必然会在竞争中取胜。

任正非在题为《华为的红旗到底能打多久》的演讲中谈道："强调员工的敬业精神，选拔和培养全心全意、高度投入工作的员工，实行正向激励推动。不忌讳公司所处的不利因素，激发员工拼命努力的热情。

"知识、管理、奋斗精神是华为创造财富的重要资源。我们在评价干部时，常常用的一句话是：此人肯投入，工作卖力，有培养前途。只有全心全意投入工作的员工，才能被造就成优良的干部。我们常常把这些人放到最艰苦、最困难的地方，甚至对公司最不利的地方，让他们快快成熟起来。"

2011 年 3 月 11 日，日本东海岸发生 9.0 级地震，灾难持续数十日。突如其来的地震打乱了华为 LTE　TDD（分时双工）软银项目组的测试节奏。东京的交通和电力在地震后的第一周处于非正常状态，客户在家办公，处于休假状态；地震中有个别基站发现传输故障，使得部分测试用例必须延后执行。华为 LTE　TDD 软银项目组紧急联系客户的项目经理，客户说："没有收到高层因为地震而推迟递交报告的指示，但华为要推迟递交报告，完全可以理解。"

这时候，摆在华为 LTE　TDD 软银项目组面前的选择有两种：一是与客户同步也放假一周，放慢测试速度推迟递交报告；二是递交报告计划不变，想方设法完成任务。这是一个重大的决定。地震后的第三天下午，测试组全体人员与一线系统部、行销部的主管召开了紧急会议，大家全体投票表决一致通过测试报告递交计划不变，实施昼夜两班倒，24小时全天测试。

在地震后那段时间，华为 LTE　TDD 软银项目组成员穿行在灯火通明的东京站和黑漆漆的办公大楼，最终提前一周完成测试任务。地震后的一周，客户约见了相关厂家人员，结果只有华为到场，当华为的测试结果报告在规定的时间交到客户手中时，受到了客户的高度称赞。

2011 年 3 月 24 日，华为董事长孙亚芳率队赶赴日本，看望在地震一线坚持作战、非常敬业的所有办事处人员，她在晚宴上鼓励敬业的华为日本团队说道："目前的东京就像是飓风的风眼，周边虽然乱成了一锅粥,但我们这里依然很平静。"

日本著名企业家松下幸之助说过:"当我看见员工们同心协力地朝着目标奋进时,不禁感动万分。"他提出并倡导企业的各级领导者要为自己的员工端上一杯茶、送去一份生日礼物。他认为,只要领导者能把员工的冷暖疾苦放在心上,真正发自内心地去尊重他们、关怀他们,就可以激发员工的爱岗敬业精神。对员工心存感恩,员工就会把企业当成自己的家一样珍惜,就会最大限度地发挥出自己的创造力。

第 3 节　真正绝对的公平是没有的

您有时会感到公司没有您想象的公平。真正绝对的公平是没有的，您不能对这方面期望太高。但在努力者面前，机会总是均等的。要承受得起做好事反受委屈，"烧不死的鸟就是凤凰"，这是华为人对待委屈和挫折的态度和挑选干部的准则。没有一定的承受能力，今后如何能挑大梁？其实一个人的命运，就掌握在自己手上。生活的评价，是会有误差的，但绝不至于黑白颠倒，差之千里。要深信，是太阳总会升起，哪怕暂时还在地平线下。您有可能不理解公司而暂时离开，我们欢迎您回来。

任正非在《致新员工书》中如是说。

年轻的时候，总是一点委屈都受不得，凡事泾渭分明，一便是一，二便是二，对便是对，错便是错，一点马虎不得，一点委屈不受。曾国藩有句话："受不得屈，成不得事。"想来凡能成大事的，必定先受了许多委屈。

伟大都是熬出来的。为什么用熬？因为普通人承受不了的委屈你得承受，普通人需要别人理解安慰鼓励，但你没有；普通人用对抗消极指责来发泄情绪，但你必须看到爱和光，在任何事情上学会转化消化；普通人需要一个肩膀在脆弱的时候靠一靠，而你就是别人依靠的肩膀。

任正非曾对新员工说过：

我们有很多独生子女，家里爹妈宠，学校老师宠，怎么到华为就受气了，所以就想不通。这是自然现象，人生从来没有高兴的时候，都是受气受气，受气多了以后碰到有一次不受气自然就高兴了，如果老是高兴，那高兴都觉得不高兴了。

人生受点磨难，经历点逆境有什么关系呢？历史上有多少名人都是这样。

人生哪有那么顺利？我们总喜欢设计自己的人生：今天这样，明天、后天这样……再过几天你不就当××××。所以你们不要把人生之路看得太顺利了，太顺利了你们反而容易栽跟头。卢刚就是一个最典型的教训，卢刚在美国是留学博士，在美国开枪杀人。在国内也有这种状况，一同学习的人，论文不如人家写得好，就想背后使坏，这种事情在我们学校里也是存在的。

大家不要在思想上走向死胡同，不要总钻牛角尖，越钻越尖，你能否超脱一点？我认为你很有希望，但你们要努力提高自己。人的一生中最难的一件事情就是做人，做人最难，做个好人更难！遇到不顺心的话，绕开一些。主动想办法解决，实在到最后也不能解决，可以离开公司。华为又不是唯一的好公司，"此处不留爷，自有留爷处"。过两年也许公司纠正了，你再回来。也许是你想通了再回来。千万不要因主管处理不当，而自残。人生要潇洒一些。难得潇洒走一回，也许这一走，还领悟明白了。

任正非强调，公司的干部要淡泊名利，踏踏实实做事，用平和的心态去面对未来。华为公司只有一个鲜明的价值主张，那就是为客户服务。大家不要把自己的职业通道看得太重，这样的人在华为公司一定不会成功；相反，只有不断奋斗的人、不断为客户服务的人，才可能找到自己的机会。这就是任正非对"耐得住寂寞和受得了委屈"的解释。

任正非曾多次感觉活不下去，实在受不了就往外打电话，诉说自己心里的感受。

越成功，所受委屈也越多。人生在世，注定要受许多委屈。而一个人越是成功，所遭受的委屈也越多。要使自己的生命获得价值，就不能太在乎委屈，不能让它们揪紧你的心。要学会一笑置之，要学会超然待之，要学会转化势能。

"智者懂得隐忍、原谅周围那些人，让我们在宽容中壮大。"柳传志对接班人杨元庆如是说。柳传志为人亦严亦宽，这体现在他对接班人，尤其是杨元庆的态度上。一方面，他倾注公司全部资源，全力支持杨元庆施展抱负。另一方面，他又多次当众严厉批评杨元庆，杨元庆委屈到痛哭。

"烧不死的鸟是凤凰"，这是华为人对待委屈和挫折的态度和挑选干部的准则。没有一定的承受能力，今后如何能挑大梁？其实一个人的命运，就掌握在自己手上。生活的评价，是会有误差的，但绝不至于黑白颠倒，差之千里。要深信，在华为，是太阳总会升起，哪怕暂时还在地平线下。

第 **6** 章

归零：
完全放下自己

CHAPTER 6

　　所有进入华为公司的人，不管学历有多高、资格多高，都得从工人做起。而来公司后就去当工人，没有任何职务，先从基层做起，先了解华为，了解产品再说，以后也许会有大作为，但这第一步不能少。

第 1 节　有多大能力就能拿到多少工资

在华为 2017 届校园招聘宣讲会上，华为常务董事兼 CFO（首席财务官）孟晚舟表示，以前，华为是按学历定薪。从 2017 年起，华为招聘新员工将不再看学历，而是看能力，有多大能力就能拿到多少工资，上不封顶。

任正非说，华为对外宣传有多少硕士、多少博士，那是在公司规模不大时，是一种对外界的宣传造势而已，是拿来唬外面人的，千万不要把自己人也给唬住了。公司不能虚火旺盛，华为进门看学历，是因为不了解情况，总要挑一挑，有学历总比无学历好。但进来以后，不管你是博士也好，大专生也好，都不看，只注重你的实际能力与工作表现。所以任正非劝大家安心留在工作岗位上，在实践中学习提高。

对于学历，任正非也早在《致新员工书》中这样说道：

实践改造了人，也造就了一代华为人。"您想做专家吗？一律从工人做起"，这在公司里已经深入人心。进入公司一周以后，博士、硕士、学士以及在原工作单位取得的地位均消失，一切凭实际才干定位，这已为公司绝大多数人所接受。希望您接受命运的挑战，不屈不挠地前进，不惜碰得头破血流。不经磨难，何以成才！

任正非说到做到，进入华为，学历便自动消失，凭个人的实践去获取机会。这样的人才升级制度也被称作"博士当工人"：

让他们真正理解什么叫商品，从对科研成果负责转变为对产品负责。

任正非曾这样说过："知识不等于能力，书读得太多，方法论太多，有时反而会相互抵消，不知道活学活用的话，反而会变得越来越蠢。"

华为高级副总裁中还有两位学历只是专科，这充分证明了任正非是只看重能力和贡献等实质，而不注重学历等形式的人。

华为实行职级制度，一般本科和硕士毕业生进入华为的职级是13级，博士可以到15级，2年升一级，海外的升级速度略快，但都是越往上越难升，到17级、18级一般是基层和中层管理人员，21级、22级则到了总裁、副总裁级别。

入职10年，绩效中等以上，职级16级、17级，年薪税前50万–100万元。职级18级以上，考评中等以上，年薪税前都超过100万元，数目有数千人，加上海外常驻人员外派补助，年薪税前超百万元人数估计超万人。

但是，华为员工不是主要拿工资的，而是拿奖金和分红的。华为有句俗语很好地描述了收入情况：三年一小坎，五年一大坎。意思是入职华为3年内大部分靠工资，3年后奖金逐步可观，5年后分红逐步可观。

所以对华为员工来说，工资只是零花钱，高额的奖金、分红和升值才是大头。华为员工中百万元年薪的已经超万人。

奖励期权计划，员工获得后有效期为 5 年，5 年后将清零，员工只能不断努力工作以换取更多的奖励期权，避免老员工在拥有大量股票后坐享受益，不思进取。

一直以来，任正非很讨厌老员工坐享丰厚分红而"怠惰"的情况。早在 2011 年 4 月，任正非与华为公司高层召开"如何与奋斗者分享利益"的座谈会，出台具体措施去识别"奋斗者"，如华为一位员工因为家庭原因拒绝调往国外，便不再是"奋斗者"因而失去了配股资格。

所以，在华为，只有奋斗者，没有所谓的高学历。

过去有一段时间，华为招聘曾有片面追求高学历、名牌院校等误区。导致的结果就是人员成本居高不下，人岗不匹配，没有形成合理的人才梯队，员工的期望值偏高，容易造成队伍的不稳定和人员的流失。同时，许多能力突出、有实际工作经验的人希望到华为来工作，但却因为学历等原因被拒之门外。值得庆幸的是，这种招聘标准现已得到了及时纠正。华为实行岗位责任制要的是员工的实际贡献和绩效，而不是学历或其他形而上学的东西。

任正非的"大孵化培育大市场"策略，使华为每年都要大量地引进新人，特别是自 1996-1997 年开始，华为招收了大批硕士生、博士生，客观上公司一些学历不高的老员工、各级干部隐约地感到一种无形的压力，因此一些学历并不高的干部和老员工，他们中的一些人提出要停薪留职，出国读书深造，包括个别副总裁也如此，有的甚至辞职去国外留学。

华为的一位管理者，女硕士，1996 年前一直任华为宣传部部长，

1998 年被提拔为华为执行副总裁，但在 1998 年年底她提出离职，要去美国深造，学习企业管理。任正非对她说："你去美国学企业管理，等你学成毕业后，你就跟不上华为公司的发展了。为什么？因为在实践中学到的管理，难道不比书本上学的来得更快、更实际、更加真实有用？"

任正非表示：

我们是拥护唯心主义、形而上学还是使用唯物辩证法？

我认为一个人文凭如何并不重要，一个人要努力提高自己的基础知识和技能，这很重要。拥有学历的人他们曾受到很好的基础训练，容易吸收新的技术与管理。但是有知识的人不一定有很好的技能。我们要以贡献来评价薪酬。如果说这人很有学问，里面装了很多饺子，倒不出来，倒不出来就等于实际上没有饺子。企业不是按一个人的知识来确定收入，而是以他拥有的知识的贡献度来确定的。

我们强调任用一个干部时，不要考虑他的标记，不能按他的知识来使用，我们必须要按他的能力、他的贡献等素质来考核干部，不是形而上学，唯学历。特别是对基层干部、基层员工来说，我们有不同的素质模型，我们要在不同的素质模型中去选拔员工，拔高学历就是提高了成本。

时光倒流至 1999 年，任正非与新员工的一段调侃式对话，至今仍耐人寻味。新员工："我是刚毕业的，我感觉很多优秀的人才都出国了，你怎么看待这件事？"任正非这样回答道：

华为公司都是三流人才，我是四流人才。一流人才出国，二流人才进政府机关、跨国企业，三流、四流的人才进华为。只要三流人才团结合作，就会胜过一流人才，不是说三个臭皮匠顶一个诸葛亮吗？

10 多年后的今天，这场"三流人才"与"一流人才"的战争，以令人惊诧的战果印证了任正非当年的预见。

第2节　从研发到市场，是人生的机遇

进入 21 世纪以来，很多企业并不知道真正的市场导向是什么，因而无法找到充分了解市场状况和客户需求的市场营销方法，面对种种困境，企业界进行了不停的探索，华为率先多年寻求到了业界最佳的业务管理模型，就是建立端到端的流程，从了解市场到产品开发，再到生命周期管理，流程中的每一步都是由客户的输入牵引的，每一步都直接面对客户。

这种业务管理模型的核心就在于它帮助企业找到了一个最佳平衡点，即既要保持技术的领先，更要确保技术在商业运作上的成功，我们称之为技术商业化。

在这个大变革、大转型中，任正非提出了鲜明的口号：

让工程师成为技术商人！

华为要求"技术市场化，市场技术化"，就是技术的创新要适应市场的变化。对技术公司来说，贴近市场进行研发是必须的，只有这样才能保证研发成果转化成产品，并被广泛采用，从而产生收益。"原来的开发模式是分离的开发模式，就是说我们的技术部门根据技术的发展情况设定技术路标，产品开发部门就根据技术路标去开发产品，再由市场人员提供给客户，进行推广销售。"华为副总裁、首席法务官宋柳平表示，华为深刻地感受到"技术引导"带来的危害性。

对此，任正非提出"从对科研成果负责转变为对产品负责"的口号。他在题为《全心全意对产品负责，全心全意为客户服务》的演讲中解释说：

> 所有的人都必须对产品负责，产品犹如你的儿子，你会不会只是关心你儿子的某一方面？你不会吧。一个产品能生存下来，最重要的可能不是它的功能，而只是一个螺丝钉、一根线条，甚至一个电阻。因此，需要你对待产品也像对待你的儿子一样。

IBM（国际商业机器公司）带来的集成产品开发思路，为华为带来了一种跨团队的产品开发和运作模式：市场部、采购部、供应链、研发部门、财务部门、售后部门等在产品立项阶段就开始参与，从而确保产品在最初立项到实现，全过程都是依照客户的需求而产生；与此同时，成本竞争力的考核也贯穿始终，系统地分析通过购买和自主开发两种方式获得的技术对产品竞争力的影响。

那么，在人力资源制度上，华为是如何实现"让工程师成为技术商人"的呢？这就要靠华为的工程师任职资格体系。

华为必须建立一套国内没有过的、全新的人才培养体系。这套体系以英国的职业资格体系为蓝本，充分吸取 IBM、微软等西方企业和日本企业的特点，在结合中国国情的基础上，逐步发育起来了。它就是被任正非称为华为过去 10 年三大变革的任职资格体系。

不同于以往的能力体系，华为的工程师任职资格体系可以说是集采众长，而又独具特色。它首先对每个岗位需要的知识点进行了详细的提炼，每个员工在走向岗位前就知道，自己需要具备哪些知识。

华为工程师任职资格标准最重要的一点，就是它从成果出发，对工程师以市场贡献为重点进行考量。

在华为的工程师任职资格标准里，对售前工程师、研发工程师、售后工程师，都从市场成果的角度进行了要求：

售前工程师：从被动技术方案设计到主动方案营销，提炼卖点，引导销售成功。

研发工程师：关注市场需求，对产品的市场成功负责。

售后工程师：从被动服务到主动创造客户价值，营造收费氛围，发现客户需求，拓展服务领域。

以上是从大类的角度提出的宏观要求，对于具体到不同类别、不同层级的工程师，华为都规定了非常详细的衡量成果。成果是最可衡量的，也是大家最容易关注到的，正是这一点，真正地把华为工程师从技术工程师转变为商业工程师。

在一次工作汇报会议上，任正非指出华为的研发人员不贴近市场，不考虑其研发成果是否能得到市场的认可，有闭门造车之嫌。于是他提出了"技术市场化，市场技术化"的口号。任正非在上海电话信息技术和业务管理研讨会上谈道：

我们号召英雄好汉到市场前线去，现在一大批博士、硕士涌入市场，3-5年后会对公司的发展做出推动。现在C&C08即使达到国际先进水平，也没什么了不起。因为您的产品是已有的产品，思想上仍是仿造的。唯有思想上的创造，才会有巨大的价值。例如：首先发明光纤通信。为使公司摆脱低层次上搏杀，唯有从技术创造走向思想创造。杂志、资料不能产生思想创造，只有用户需要才能产生。所以我们动员公司有才干、有能力的英雄豪杰站出来，到市场前线去了解用户的需求。

任正非希望通过市场压力的传递，使内部机制永远处于激活状态，永远保持灵敏和活跃。

任正非对新员工最想说的是：

校园文化与企业文化是不相同的，校园文化没有明确的商业目的，只是教会你去做人。

企业文化有明确的商业目的，一切要以商品的竞争力为中心。所以你们要重新做人，做工程商人。

第3节　不干基层就别想当官

在华为的工作实践，越发感受到这简单的几条道理的深刻。从小事做起不是一直满足于做小事，也不是夸夸其谈好高骛远。

华为坚持从成功的实践中选拔干部，坚持"宰相必起于州部，猛将必发于卒伍"。在华为的干部选拔中，强调责任结果导向，在责任结果导向的基础上，再按能力来选拔干部。

华为强调要有基层实践经验，没有基层实践经验的机关人员，应叫职员，不能直接选拔为管理干部。如果要当行政干部，必须补好基层实践经验这堂课，否则只能是参谋。

所有进入华为公司的人，不管学历有多高、资格多高，都得从工人做起。而来公司后就去当工人，没有任何职务，先从基层做起，先了解华为，了解产品再说，以后也许会有大作为，但这第一步不能少。

华为董事会、监事会成员共 18 人，除董事长孙亚芳、CEO 任正非外，其余 16 人，仅有 1 人出生于 20 世纪 50 年代，9 人出生于 20 世纪 60 年代，3 人出生于 20 世纪 70 年代，3 人不详。他们共同的特质，除了年轻，就是追随华为 15 年以上。从他们的经历看，无一不来自市场或研发一线，从基层做起。

任正非告诫新员工，华为永远不会提拔一个没有基层工作经验的人来做管理者。作为新员工，必须不怕做小角色，才有可能做大角色，实践是提高的基础。

任正非在《致新员工书》中写道：

> 公司永远不会提拔一个没有基层经验的人做高层管理者。遵循循序渐进的原则，每一个环节对您的人生都有巨大的意义，您要十分认真地去对待现在手中的任何一件工作，十分认真地走好职业生涯的每一个台阶。

不懂战争的人指挥战争，这一定是高成本。华为要求总部机关的干部一定要对自己服务的业务有成功的实践经验，并具有快速准确、任劳任怨的服务精神与服务能力。华为要求管理层也一定要有服务业务的实践经验。

原任职于华为人力资源部培训部的张志学讲了这么一个案例："北京大学一位计算机博士，在联想做了柳总（联想董事局主席柳传志）的秘书，在朋友的劝说下到了深圳华为，他以为去了华为，就能谋到一官半职，但是呢，不幸的是，他到华为去南湖做电焊工，因为这是华为的制度，所有的人都要从最基层开始做。这是他人生最灰暗的时期，太太已经辞去了新华社记者的职务，没想到他来深圳做了电焊工，当时很多人就离开了，但是他坚持下来了。很快他到了总部，从总部很快到了新疆办事处，很快调到南通办事处。"

"公平竞争，不唯学历，注重实际才干。"华为看重理论，更看重实际工作能力，大量任用高学历人才，也提拔读函大的高中生。任正非在主题为《华为的红旗到底能打多久》的演讲中谈道：

> 坚决反对空洞的理想，做好本职工作，没有基层工作经
> 验不提拔，不唯学历。

从群众中来，到群众中去，这是中国共产党的群众路线，因此，每个干部都应该深入基层，了解民众的疾苦。党和政府在选拔领导人的时候也强调：要优先选拔那些有基层工作经验和管理经验的干部。这个原则被华为很好地借鉴了。

华为选拔中高层干部十分强调基层经验。很显然，有基层工作经验和管理经验的干部了解员工的工作、生活状况以及想法，也更熟悉公司的企业文化。华为这种干部选拔制度，实际上也是对员工的一种激励，即只要在基层认认真真、踏踏实实工作的员工，都有机会晋升为公司的管理层。

经验和能力是干部必备的素质，不具备这些素质的人即使当上了领导，也无法得到下属的尊重和服从，但这种素质只能通过从基层一步一步做起来培养。

2017 年，任正非在一次讲话中谈到了华为未来的人才选拔机制和评判标准。任正非称，华为贯彻选拔制，而不是过分强调公平的培养制。从现在起，华为干部的选拔必须要具备直接的基层实践经验。

任正非表示，华为现阶段的人力资源存在一个重要问题，"过去我们总担忧员工囤积在发达地区，而现在担心的是艰苦地区的员工不愿意回来，因为从艰苦地区回到机关和发达地区，能否适应'航母'时代，能否追上队伍，不被淘汰。"

现在的情况是，华为在机关、发达地区的人员能力都比艰苦地区的强，机会总是被能力强的人占去。为防止"大家都不愿意上战场"的局面出现，是否"上过战场、受过伤"这样的基层实践经验，将作为华为提拔任职资格的首要条件。通过了资格审查，再比能力强弱。

第 **7** 章

执行力就是竞争力

CHAPTER 7

　　大家都知道水和空气是世界上最温柔的东西，因此人们常常赞美水性、轻风。但大家又都知道，同样是温柔的东西，火箭可是空气推动的，火箭燃烧后的高速气体，通过一个叫拉法尔喷管的小孔，扩散出来的气流，产生巨大的推力，可以把人类推向宇宙。像美人一样的水，一旦在高压下从一个小孔中喷出来，就可以用于切割钢板。可见力出一孔，其威力不可小觑。

——任正非

第 1 节　执行要不折不扣

　　企业经营的成功很大程度上靠的是一套完善的制度、模式，更要靠对这些制度、模式不折不扣地贯彻执行，例如华为的长盛不衰，海尔的利润倍增，联想的步步为营等。在这些企业中，每个人的能力虽然有限，但一旦进入企业这个规范化的系统中，每个人的能力因严格执行制度而产生了放大效应，被充分地发挥出来。

　　执行力是推动工作、落实制度的前提。事实证明，制度制定以后关键是执行，再好的制度如果没有人执行或执行不到位也是没用的。作为企业的一员，我们的工作必须着眼在不折不扣地执行上。

　　任正非有个非常著名的理论：在引进新管理体系时，要先僵化，后优化，再固化。他对手下的干部讲：5 年之内不允许你们进行幼稚创新，顾问们说什么，用什么方法，即使认为不合理，也不允许你们动。5 年以后，把系统用好了，我可以授权你们进行局部的改动。至于结构性改动，那是 10 年之后的事。正是因为这种对制度的尊重和始终如一的贯彻，才创造了华为的春天。遇到这样的企业做客户，遇到这样的老总，咨询公司除了担心自身能力唯恐辜负了企业的厚望外，还有什么好担心的呢？

一位管理大师曾说："老板通常观察员工同自己共同处理事情时是否能够同忧同乐，来决定这名员工是不是个心地纯正的人，从而决定他是不是某一个职位最合适的人选。"对企业的业务参与程度越深，就越能够做出更加明智的决策，并且越能把决策不折不扣地执行下去。

巴顿将军在他的战争回忆录《我所知道的战争》中曾写到这样一个细节：

> 我要提拔人时常常把所有的候选人排到一起，给他们提一个我想要他们解决的问题。我说："伙计们，我要在仓库后面挖一条战壕，8英尺长（约2.4米），3英尺宽（约0.9米），6英寸深（约0.15米）。"我就告诉他们那么多。我有一个带后窗户的仓库。候选人在检查工具时，我走进仓库，通过窗户观察他们。

> 我看到伙计们把锹和镐都放到仓库后面的地上。他们休息了几分钟后，开始议论我为什么要他们挖这么浅的战壕。他们有的说6英寸还不够当火炮掩体。其他人争论说，这样的战壕太热或太冷。如果伙计们是军官，他们会抱怨他们不该干挖战壕这么普通的体力劳动。最后，有个伙计对别人下命令："让我们把战壕挖好后离开这里吧，将军想用战壕干什么都没关系。"

> 那个伙计得到了提拔，我必须挑选不找任何借口完成任务的人。

服从指令听指挥不仅仅是态度问题，在一定程度上也反映了一个人的集体主义观念。在一家公司工作，就决定了我们有遵章守纪、服从领导指令的责任。如果我们有基本的以集体利益为重的观念，就会自觉地服从上级的命令和指示，而不是勉强服从，口服心不服，然后在执行中消极应付。

有一位叫普尔顿的年轻人，老板让他去一个偏僻的地区开辟新市场。之前，老板曾把任务交给公司中的其他员工去做，但是这些员工认为公司的产品在那里有销路是十分困难的，接受这个任务只能是徒劳，于是都一一推掉了。而普尔顿在接到老板的指令后，什么也没问，只是带着公司的一些产品的样品出发了。3 个月后，普尔顿回到了公司，成为了公司最受欢迎的人，他带回的消息是已成功占领新市场。其实，普尔顿在出发前对新市场也没有信心，但是由于他优秀品质中的强烈服从意识，让他依然选择了接受命令，并用尽全力去开拓新市场，最终取得了成功。

华为总裁任正非在回答员工提问"新员工进入岗位后，究竟是'干一行爱一行'还是'爱一行干一行'"这个问题时表示："公司允许员工有挑选岗位的机会，不用封建包办婚姻式的包办定终身，但过分自由也不好。因此你在工作中要先服从分配，尽快磨合，让思想火花在本职工作中闪烁出来，慢慢爱上这个岗位。如果发现很不合适，还有调换机会。但万不可这山望着那山高，结果哪座山也爬不上，最后被公司淘汰了。干一行爱一行、爱一行干一行是相对的，不能无限地乱爱下去，不能无限制地调换岗位。"

就像鲁迅的拿来主义，先要服从企业的制度、主管的命令，尽快磨合之后，慢慢体会其中之义。

在企业中，我们都应该意识到自己的职责就是服从，在服从面前没有多余的"条件"，对领导的任何命令都是完全接受，然后坚定不移、不遗余力地执行到位，这样才能确保集体行动的一致性，使团队任务圆满完成。

第 2 节　执行就是迎难而上

面对困难，总有两种不同的表现：知难而退与迎难而上。太平天国时，翼王石达开，率部来到大渡河旁，欲过河作战，可是遇到了数倍于自己军队人数的清军的阻击。他遇到困难了，可是他选择的不是迎难而上，相反，他却选择了知难而退，选择了投降，以致落得一个兵败被杀的下场。

也同样是这条名不见经传的大渡河，当红军队伍来到这曾经使翼王兵败被杀的不祥之地，而且也同样是前有阻挡后有追兵的逆境，他们选择了与石达开截然不同的方法——迎难而上，最后，渡过大渡河，从而为长征最后的胜利打下了坚实的基础。

任正非认为，在工作中，一项计划或任务在执行中难免会遇上困难和阻力，坚韧的人会迎难而上，想方设法解决问题，即使困难重重、巨大的压力几乎要把人压垮，他们也会抱住目标不放，努力去完成各项工作。

2008 年，华为公司被《商业周刊》评为全球十大最有影响力的公司之一。在华为员工的心中，完成任务的目标高于一切。也正是因为华为员工有这样的心态，华为才能跻身于全球服务运营商前 50 强。

华为公司刊物《华为人》2007 年第 193 期上讲述过这样一个故事。

华为在玻利维亚建基站的时候，有一个基站在玻利维亚热带雨林区山顶，客户要求 3 天内安装好、放号并开通。

当负责人范永君和同事们跟随承运商将货物运到山脚时，才发现只有一条羊肠小道通往山上，并且仅容两人并行，运货车根本开不上去。

他们跟客户沟通，看能否宽限几天，好想想办法怎样把货物运上去，可客户不答应，非要坚持按合约办事，也就是无论如何 3 天之内必须装好。退一步说，就算客户同意延长几天时间，难道在几天时间里，山上就有通车的路了吗？

无论客户通融也好，不通融也好，只有靠自己想办法了。范永君问承运商有没有好的办法，承运商说：用直升机运送。

雇用直升机送，当然又快又好，可是费用高达 8000 美元，显然不合算。有没有其他的办法呢？范永君在认真地思考着。总不能就此放弃不管，合约签好了，毁约也要赔偿的，放弃绝不可能，既然事已至此，做也得做，不做也得做。

仔细地考察了一番山路之后，范永君决定：用人力将设备抬上去。

他的这一决定，让大家都感到吃惊，因为玻利维亚是高原之国，海拔在 2500—4000 米，初到此地的人都有高原反应：头痛、头昏、气短、胸闷、乏力等，徒步爬山都不容易，更何况还要抬着沉重的设备上山。

他们雇用了当地的一些民工，范永君和他的团队跟民工一起，从早上6点钟开始，一路轮流抬着分拆好的设备，虽然只有两公里的山路，但直到晚上9点多钟才走到山顶，大家都累得打颤，浑身散了架似的。

只要设备运上了山，剩下安装、放号并开通的事就好办了。终于，在规定时间内建好了基站，客户非常满意。最后结算费用，发现只用了7000多元人民币。

如果你是范永君，碰到这样的困难会怎么办？

遇到困难时，迎难而上，要坚持下去。

为什么能坚持？坚持来源于同理心，坚持比放弃更需要勇气。一位华为人这样记载着："一线碰到问题影响现场搬迁，遭到了客户CTO（首席技术官）的严厉投诉，来自友商的竞争……做维护时间长了，知道他们面临着巨大的压力，没有办法，这个时候只能依靠你所在的团队。拼尽全力，尽快定位，这是所有人的期待。"

坚持同样来自责任感。另一位华为人这样记载着："一次处理俄罗斯电源砖的问题，我和主管两个人轮流通宵支撑这个问题定位，有时候实在忙不过来了，通宵后接着上班。那次36个小时没有休息，还很精神，以为自己是超人，谁知道回到家，鞋子都没脱，倒在床上就睡着了。"

华为的某位管理人员到新代表处后，迎来了更大的挑战。客户基本不说英语，只说西班牙语，而领导还是继续要求他必须见客户，那时代表处也没有本地员工，唯一一位西班牙语客户经理主要向代表负责，只会偶尔支持一下重要的会议，其他时间他自己都不好意思开口。面对这种情况，是退却还是迎难而上？这位管理者认为，既然自己可以学葡萄牙语，为什么不可以自学西班牙语？而且两者还是如此相似！

他花了大约 1 个月的时间，第一次使用西班牙语邀请一位交换机总工 J 共进晚餐，J 几乎不会英语，受限于语言障碍，虽然这次晚餐他们交流很不充分，但是 J 对他非常感激和欣赏，并建立了一定的信任。再过了 1 个月，J 就邀请这位华为的管理人员参加了他的家宴。6 个月后，他做了生平第一次以西班牙语全程宣讲解决方案胶片！从此他的技能被领导认可。

遇到难题，我们都会觉得"没有办法了，这下只能这样了"，越是这样想，便越不会积极地去寻找方法，这种表现首先在内心已经承认，这就是最后的结果了，早已放弃了寻找方法的信心和可能，这样当然没办法解决问题了，这其实是自己对自己姑息纵容的结果。在内心如果给自己一个暗示，即使在"没有办法"的情况下，也要硬着头皮迎战困难，逼着自己想办法。下定决心想办法，往往就会想到办法。而那些过去看来难以解决的问题，也就会迎刃而解。拿破仑说过："最困难的时候，也就是离成功不远的时候。"

举世闻名的国际明星史泰龙，在尚未成名之前，其实是一个穷困潦倒的小子。但是史泰龙没有放弃，他下定决心，一定要成为好莱坞的明星。于是史泰龙就去拜访好莱坞的电影公司，把自己的电影剧本给他们看，并告诉他们自己要演戏中的男主角。那时，好莱坞总共有大约 500 家大大小小的电影公司，史泰龙逐一去拜访过，但是没有一家电影公司愿意录用他，他总共经历了 1855 次严酷的拒绝和冷嘲热讽。最后，总算有一家电影公司的经理被史泰龙的精神感动，愿意采用他的剧本进行尝试，并聘请他担任自己剧本中的男主角，这部片子就是《洛基》！从此以后，史泰龙一炮打响，他演的每一部片子都十分卖座，奠定了他国际明星的地位。

在这个世界上，没有哪一份工作是一点困难都没有的，当我们去挑战那些看起来困难到不可能完成的任务时，我们可能会觉得有很大的压力。但是当没有任何借口，紧盯目标，努力把任务完成以后，我们就会惊喜地发现自己的能力得到了提升，意志力也得到了锻炼。这对我们以后的发展绝对是有利的。

知难而退的人，往往是把"难"当成挡箭牌，这样的人完成任务往往会大打折扣。迎难而上的人，往往把"难"当成非扫除不可的障碍，这样的人最终往往能百分之百完成任务。

作为执行者，接受任务就要承担起来，哪怕是最艰巨的任务，也要想尽一切办法保质保量地完成。"克服一切困难，百分之百完成任务"是任何一个执行者都必须遵循的。

第3节 专注就要心无旁骛

华为总裁任正非在 2012 年 12 月 31 日的文章《力出一孔，利出一孔》中写道："大家都知道水和空气是世界上最温柔的东西，因此人们常常赞美水性、轻风。但大家又都知道，同样是温柔的东西，火箭可是空气推动的，火箭燃烧后的高速气体，通过一个叫拉法尔喷管的小孔，扩散出来的气流，产生巨大的推力，可以把人类推向宇宙。像美人一样的水，一旦在高压下从一个小孔中喷出来，就可以用于切割钢板。可见力出一孔，其威力不可小觑。"

与水和空气一样，一个人即便很柔弱，但只需要将力量集中于一点，干一行爱一行专一行，就能在平凡的岗位上创造出不平凡的业绩。

有这样一个故事，孔子带领学生去楚国采风。他们一行从树林中走出来，看见一位驼背翁正在捕蝉。他拿着竹竿粘捕树上的蝉就像在地上拾取东西一样自如。

"老先生捕蝉的技术真高超。"孔子恭敬地对老翁表示称赞后问："您对捕蝉想必是有什么妙法吧？"

"方法肯定是有的，我练捕蝉五六个月后，在竿上垒放两粒粘丸而不掉下，蝉便很少有逃脱的。如垒三粒粘丸仍不落地，蝉十有八九会捕住；如能将五粒粘丸垒在竹竿上，捕蝉就会像在地上拾东西一样简单容易了。"捕蝉翁说到此处将将胡须，向孔子的学生们传授经验。他说："捕蝉首先要学练站功和臂力。捕蝉时身体定在那里，要像竖立的树桩那样纹丝不动；竹竿从胳膊上伸出去，要像控制树枝一样不颤抖。另外，注意力高度集中，无论什么风吹草动，在我心里只有蝉的翅膀，我专心致志，神情专一。精神到了这番境界，捕起蝉来，那还能不手到擒来，得心应手吗？"

大家听完驼背老人捕蝉的经验之谈，无不感慨万分。孔子对身边的弟子深有感触地说："神情专注，专心致志，才能出神入化、得心应手。捕蝉老翁讲的可是做人办事的大道理啊！"

还有这样一个故事。

一位年老的猎人带着他的 3 个儿子去草原上捕捉野兔。一切准备妥当，这时老猎人向 3 个儿子提出了一个问题：

"你们看到了什么呢？"

老大回答道："我看到在草原上奔跑的野兔，还有一望无际的草原。"

老猎人摇摇头说："不对。"

老二回答的是："我看到了爸爸、大哥、弟弟、野兔，还有茫茫无际的草原。"

老猎人又摇摇头说："不对。"

而老三的回答只有一句话："我只看到了野兔。"

这时老猎人才说："你答对了。"

执行就像打猎，要专注于你的目标，做到心无旁骛。从事任何工作都不能朝三暮四、三心二意。专注力是优秀的执行者身上的一大特质，也是一个员工的良好品格。

有些员工有着自己的职业目标和职业规划，他们对自己所做的每个选择都十分谨慎，而且他们一旦从事某项工作后，往往就会不断地努力，心无旁骛。这种员工无论在哪行哪业都易受到企业的重视与欢迎，他们往往是企业内部的精英、骨干，有些甚至是管理高层，而企业要做的是将其留下来。

嘉信理财公司董事长兼 CEO 施瓦布患有严重的阅读障碍症，读写能力不佳，阅读时必须念出来。有时候一本书要看很多次才能理解，写字时也必须以口述的方式，借助电脑软件来完成。这样一个人，他如何成就了一番伟大的事业？施瓦布的答案是：他比别人更懂得专注和用功。

他说："我不会同时想着 18 个不同的点子，我只专注于某些领域，并且用心去做好它！"

这种"一次只做一件事"的专注态度，在嘉信理财公司发展历程中体现得特别明显。当其他金融公司将顾客锁定于富裕的投资者时，嘉信理财公司推出了平价服务，专心耕耘一般投资大众的市场，心无旁骛，终于开花结果。

每个时期，嘉信理财公司都有专心投注的目标，这使它成为业界模仿的对象，在金融业立下一个个里程碑，成为《财富》杂志评选的"全球最受景仰的二十大企业"之一，而且是全美最适合工作的公司。

没有做到心无旁骛，只会给自己带来耻辱。

很多年前，在亚特兰大举行 10 公里长跑比赛，赞助者为健怡可口可乐公司。无论是在赛场，还是在各种媒体记者的工作服上、运动员的比赛服上以及工作人员穿的 T 恤衫上，健怡可口可乐的商标得到最显著的展示。

比赛当天早上，站在台上的大会荣誉总裁迪克·比格斯发表讲话时说："我们很高兴有这么多的参赛者，同时特别感谢我们的赞助商健怡百事可乐。"

站在迪克·比格斯背后的可口可乐公司代表极为愤怒："是健怡可口可乐，白痴！"

1000 多位参赛者也一片哗然，当时迪克·比格斯感到万分的羞耻和懊悔。他事后说："我知道是可口可乐，但是我当时分心走神了，结果洋相百出，给人留下了笑柄，可口可乐公司也对我不满。我永远也不会忘记这要命的一天，我知道了专注的重要性。"

迪克·比格斯的教训告诉我们，一个人如果不专注工作，哪怕是再简单的工作也会出现差错。

对于专注，华为总裁任正非深有体会，因为专注是华为的一股强大力量。《华为公司基本法》第一条规定："为了使华为成为世界一流的设备供应商，我们将永不进入信息服务业。通过无依赖的市场压力传递，使内部机制永远处于激活状态。"华为专注于自己的核心领域，取得了令人瞩目的成绩，连排名世界 500 强第 83 位的思科公司也不得不重新审视这个可怕的对手。

第4节　执行时拒绝"差不多"

"你知道中国最有名的人是谁吗？

"提起此人，人人皆晓，处处闻名。他姓差，名不多，是各省各县各村人氏。你一定见过他，一定听过别人谈起他。差不多先生的名字天天挂在大家的口头，因为他是全中国人的代表。

"差不多先生的相貌和你我都差不多。他有一双眼睛，但看得不很清楚；有两只耳朵，但听得不很分明；有鼻子和嘴，但他对于气味和口味都很不讲究。他的脑子也不小，但他却很不精明，他的思想也很不细密。

"他常说：'凡事只要差不多，就好了。何必太精明呢？'……

"有一天，他忽然得了急病，赶快叫家人去请东街的汪医生。家人急急忙忙地跑去，一时寻不着东街的汪大夫，却把西街牛医王大夫请来了。差不多先生病在床上，知道寻错了人，但病急了，身上痛苦，心里焦急，等不得了，心里想道：'好在王大夫同汪大夫也差不多，让他试试看罢。'于是这位牛医王大夫走近床前，用医牛的法子给差不多先生治病。不消一刻钟，差不多先生就一命呜呼了。差不多先生差不多要死的时候，一口气断断续续地说道：'活人同死人也差……差……

差不多，……凡事只要……差……差……不多……就……好了，……何……何……必……太……太认真呢？'他说完了这句话，方才绝气了。

"他死后，大家都称赞差不多先生样样事情看得破，想得通；大家都说他一生不肯认真，不肯算账，不肯计较，真是一位有德行的人。于是大家给他取个死后的法号，叫作圆通大师。

"他的名誉越传越远，越久越大。无数的人都以他为榜样。于是人人都成了一个差不多先生——然而中国从此就成为一个懒人国了。"

这是胡适先生所写的《差不多先生传》，讽刺了当时中国社会那些处世不认真的人。

差不多先生现在还广泛存在于我们的社会之中。环顾我们周围，大而化之、马马虎虎的毛病随处可见，"差不多"先生比比皆是，"好像""几乎""将近""大约""大致""大概""应该""可能"，成了"差不多"先生的常用词。就在这些词一再使用的同时，许多重大决策都停留在了纸上，许多重点工作都落实在了表面上，许多宏伟的目标都成了海市蜃楼。

如上海地铁 1 号线是德国人设计的，之后，中国人自己又设计了地铁 2 号线。虽然看上去两者区别不大，但 2 号线的运营成本远远高出 1 号线。其主要原因，就是因为地铁 2 号线的设计与施工人员对执行的偏差缺乏敏感性。例如，1 号线每个出口都有个"弯"，看起来，它似乎给人出入带来麻烦，而且还会增加施工成本，于是我们的中国设计者就把"弯"删去了。后来人们发现，这个"弯"能使进出风量减少，自然也就大大地减少了空调费用，地铁运营成本也降低了很多。

华为的一位员工 2007 年底离开一家国企项目管理岗位，入职华为能基产品线研发岗位。现在从事的架构与设计工作需要从全局考虑、需要很强的策略执行力。做了这份工作以后，他发现任何事情，目标并不是最重要的，而执行过程的质量和节奏才是最重要的。水到渠成，就是这个道理。一天和好友聊如何才能成功，他突然说了一句"凡事要成功，关键是看清楚、想清楚、做清楚"，而他认为自己做得最不好的就是不知如何"做清楚"。恰恰可以帮助他走出困惑的就是"架构与设计"。通过对目标的架构，看清楚目标关键要素是什么；通过设计这些关键要素，熟悉实现关键要素步骤的质量和节奏，从而实现"做清楚"。

第 5 节　纪律保证执行力

　　有一个美国青年因违反了新加坡法律而要受鞭刑，当时的美国总统克林顿亲自出面为他求情，但新加坡方面并未同意，依然对这名青年处以鞭刑。这件事在当时成为全球津津乐道的新闻。人们感兴趣的并不是谁要挨打，而是新加坡政府在法律方面不折不扣的执行力。哪怕美国总统求情也不行！正因为严格的执行，说到做到，这四鞭子下去，不仅令受刑人终生难忘，同时也提醒天下人：千万不要以身试法！

　　去了某一个国家，我们应该服从当地的法律。在企业中，我们应习惯在制度下工作，这是一种职业纪律，也是我们服从于企业、具备良好执行力的直接表现。华为公司重要政策与制度的制定，均要充分征求员工意见，并进行充分协商，抑侥幸，明褒贬，提高制度执行上的透明度。从根本上否定无政府、无组织、无纪律的个人主义行为。在这种体制下，每个员工都有可能、有机会成为管理层中的一员。

　　纪律，是事业的基础，是成功的保证，更是团队中不可或缺的一部分。在企业中，纪律就是为员工而制定的，一个好的员工视纪律如生命，把服从当成自身的一部分。只有这样，他们才会成为企业所需要的员工。

无论我们处于什么岗位，首先要做到的一点就是，不能违反岗位制度。否则，即使我们做出了工作成绩，也难以被别人认可，甚至还会受到领导的猜疑：他会把我们当成"有组织无纪律"的员工。

纪律同时也是个人事业成功的基础，是圆满完成任务的保证，更是团队精神中不可或缺的重要组成部分。一个好的员工视纪律如生命，把遵守纪律当成自身的一部分。因为只有这样，才会成为企业所需要的具有高执行力的员工。可以说纪律是员工应当遵守的行为准则，而遵守纪律则是员工对工作态度与目标的承诺。

华为是一个半军事化管理、纪律严明甚至有些苛刻的公司，这在华为对运营商现场服务的大型软件集成项目组内部同样也体现了这种风格。就拿某合作项目组来说，项目组现场管理制度包括了严格且明确的现场纪律要求条款，如严格规定上下班作息时间，办公桌面要求整齐清洁，下班后要求电脑和显示器关机、空调关闭、房间锁门，离开办公桌10分钟以上必须内部邮件通知，上班时间不得上与工作无关网站，等等。以上条款，都配有不同数量的违反扣分，每人每月可扣分总数为100分，当被扣至80分以下时需要罚款50元或100元，当被扣至60分以下时将面临可能被降薪或被项目组辞退的处罚，被罚款项一般用作项目组的零食专款或奖励专款；而连续3个月以上得满分100分者，可被项目组奖励100元。项目经理会从平时工作认真负责且全体成员认可度比较高的普通组员中分别选择任命1名纪律监督员和1名考勤员，纪律监督员负责不定期地突击检查员工的纪律情况并接受纪律举报，考勤员负责上下班考勤和纪律扣分登记记录并月底汇总每人得分总数。这种罚

和奖不只是记录而已，而是在每月底召开的民主生活会上现场进行，该
罚的现场掏钱，该奖的现场收钱，项目组所有的人都看着，确实是奖罚
分明。

在华为公司，每次开会或者学习研讨，虽然大家都已经做到了遵守
会场纪律，但秘书在每次开会前还是会宣布会场纪律。尤其是关闭手机
这一制度，与会人员必须要做到。做不到的，就要接受罚款的惩罚。秘
书这么做是不是多此一举？显然不是。这恰恰体现出了秘书的责任心。
既然宣布会场纪律是她的职责，那么她就应该按照职责的要求去做。以
前没有违反纪律的现象，不能保证以后没有违反纪律的现象。就如同以
前违规操作没发生事故，不意味着以后违规操作也不会发生事故一样。

一个尊重自己职业的员工，也必定是一个具有强烈纪律观念的员
工。因为有着强烈纪律意识，能够深刻地理解工作，会积极主动地完
成工作、执行到位，在不允许妥协的地方绝不妥协，也绝不找任何借
口拖延。

纪律对于员工来说，就是不可触摸的"热炉"。管理学中有个著名
的"热炉法则"，由管理学家麦格雷戈提出，我们不妨用它来规范自己
的行为，让自己更具纪律性，更具执行力。

"热炉法则"是指组织中任何人触犯规章制度都要受到处罚。它是
由于触摸热炉与实行惩罚之间有许多相似之处而得名。"热炉"形象地
阐述了惩处原则：

1. 热炉火红，不用手去摸也知道炉子是热的，是会灼伤人的——
警告性原则。企业领导要经常对下属进行规章制度教育，以示警告。

2. 每当你碰到热炉，肯定会被火灼伤——一致性原则。说和做是
一致的，说到就会做到。也就是说，只要触犯规章制度，就一定会受到

惩处。

3. 当你碰到热炉时，立即就被灼伤——即时性原则。惩处必须在错误行为发生后立即进行，绝不能拖泥带水，绝不能有时间差，以达到及时改正错误行为的目的。

4. 不管是谁碰到热炉，都会被灼伤——公平性原则。不论是企业领导还是下属，只要触犯企业的规章制度，都要受到惩处。在企业规章制度面前人人平等。

第6节　困难面前不找借口

任务面前，有没有找借口，体现了一个人的工作态度是否积极，同时也决定了一个人是成功还是失败。很多时候，在我们寻找借口的时候，却错过了解决问题的最佳时机，在不长的时间里，让借口阻碍了我们前进的道路。

华为建立了普遍沟通的制度。对于这个制度的执行，任正非表示："有人说省局见不到，到县局去总可以吧。有人说到县局多花汽油费，我们宁可多花汽油费，也不能停下来，也要沟通。我们建立了到县局沟通的制度，我们一定要执行下去。新员工找不到地方磨枪，就到县局去，他不到县局去，怎么能找到地方磨枪啊？他不磨枪枪就要锈，以后怎么能用啊？不要认为我们要讲节约，不下去跑能省钱。讲节约是讲不需要浪费的地方的节约，不该省的费用就不能省。"

我们来看一个有关新加坡的故事：

1972年新加坡旅游局给总理李光耀打了一份报告说："新加坡不像

埃及有金字塔，不像中国有长城，不像日本有富士山，不像夏威夷有十几米高的海浪。我们除了一年四季直射的阳光，什么名胜古迹都没有。要发展旅游事业，实在是巧妇难为无米之炊。"

李光耀看过报告后，在报告上批下这么一行文字：你还想要上帝给我们多少东西？上帝给我们最好的阳光，只要有阳光就够了。

后来，新加坡利用一年四季直射的阳光，大量种植奇花异草，名树修竹，在很短的时间内就发展成为世界上著名的"花园城市"，连续多年旅游业收入位列亚洲第二。

在条件不完善的情况下，利用现有资源完成任务，做出成绩，的确需要付出一番努力，但也显示了一个人非凡的执行力。这是一个必然的过程。越是有价值的计划，执行起来越不会一帆风顺，它不会让你因循守旧、舒舒服服就轻松完成任务的。这时候，一个人应该首先分析所面临的形势和环境，分析已经拥有的资源和具备的条件，从中找到解决问题的方法。如果只想着推诿，那他只会找到一大堆借口。

在我们的日常生活中，常听到这样一些借口：上班晚了，会有"路上堵车""手表停了"的借口；做生意赔了本有借口，工作落后了也有借口……只要有心去找，借口总是有的。很多人在工作中寻找各种各样的借口来为遇到的问题开脱。

通用电气前 CEO 杰克·韦尔奇曾经说过："在工作中，每一个人都应该发挥自己最大的潜能，努力工作，而不是耗费时间去寻找借口。因为公司安排你在某个岗位上，是为了让你解决问题，而不是听你对困难进行长篇累牍的分析。"

美国国父华盛顿经常这样说："我的表从来不问客人有没有到，它只问时间有没有到。"他每天 4 点钟吃饭，如果有时候应邀到白宫吃饭的国会新成员迟到了，华盛顿就会自顾自地吃饭而不理睬他们，这使他们感到很尴尬。

一次，他的秘书找借口说，自己迟到的原因是表慢了。华盛顿回答说："那么，或者你换块新表，或者我换个新秘书。"另一位美国开国元勋富兰克林对经常迟到却总是有借口搪塞的佣人说："我发现，擅长找借口的人通常除此之外什么都不擅长。"美国第六任总统约翰·昆西·亚当斯从不误时。议院开会时，看到亚当斯先生入座，主持人就知道该向大家宣布各就各位，会议开始了。有一次发生了这样一件事，主持人宣布就座时，有人说："时间还没到，因为亚当斯先生还没来呢。"结果发现是议会的钟快了 3 分钟，3 分钟后，亚当斯先生准时到达会场。

2008 年，华为某产品线的某团队转西安，某平台有一个版本由西安团队开发，由于团队中新成员多，申请推迟两个月。实际上，这个时候是打造团队战斗力、意志力的最好时机。如果这一关挺过去了，以后会有一批精兵强将，他们会不习惯于失败。如果一个团队习惯于延迟，习惯于失败的话，那么在后面他们就会给自己找很多借口。果然，西安团队在 2009 年 6 月又一个新版本的开发中，几十万行代码同样零偏差，打造了无线少有的五星级项目。所以对于团队来讲，困难和挫折是福，把一个团队从弱势带到强势的时候，这过程所积累的声望和经验，以及团队的战斗力是无可比拟的。

到底是借口在先，还是失败在先？没错，失败者总是会找借口，那些会在事先给自己找好借口的人难道不是更容易失败吗？

失败者会说："我身体残疾，没有人愿意雇佣我。我只能不断地拆东墙补西墙，凑合着过日子。"高效能人士则会说："富兰克林·罗斯福也是残疾人，海伦·凯勒也是。既然他们能够让自己的人生发光，我也能。"

失败者会说："我父亲在车祸中丧生，我必须中途辍学去照顾家人。现在我恐怕一辈子也找不到一份让人羡慕的好工作了。"高效能人士则会说："没错，出现这样的意外的确会改变我的计划，但很多没上过大学的人也都取得了成功。我不会让这件事影响我的前途的。"

第 7 节　认真做好简单之事

1998 年 3 月，华为出于战略发展的考虑，停止了 110 产品的开发和销售。开发部的员工纷纷流向其他部门，没有几个人愿意留下来陪着这些没有前途的产品。当时，110 产品还有许多遗留问题没有解决，用户意见非常大。华为员工陈俊杰当时正负责开发后期的测试和工程文档工作，看着自己曾经开发、测试、安装过的产品就这么结束了，他心里很不是滋味，他默默地留了下来。两年后，从前离开的开发部同事们个个春风得意，在不同岗位上干出了非凡成绩，而陈俊杰仍然留在维护事业部围着"老掉牙"的产品转。但是，每当他看到 110 产品经过自己与同事们的优化，已经很稳定地运行在网络上，为全国各地的公安机关服务，为社会治安发挥作用时，他心里就非常自豪。广西一位公安局通信科长曾经在电话中对陈俊杰说："陈工，你的水平我很欣赏，有空来广西出差的时候，一定来我这里做客！"

华为有大量如陈俊杰这样在平凡的岗位上默默奉献的员工，认真地做好自己的工作，这正是任正非所提倡的。

任正非认为，不要因为事小便不认真，不要因为任务简单就马虎了事。不要过分高估自己，也不要低估做事的重要性。与其浑浑噩噩、胡思乱想，浪费生命与时间，不如认真地对待眼前的每一件琐事，做好每一件小事。

做任何事情都是这样，不怕你专心，就怕你分心。纵使你有三头六臂，也很难面面俱到，与其羡慕别人的成功，想东想西，人浮于事，还不如集中精力，认真做好眼前的事情。

海尔总裁张瑞敏在比较中日两个民族的认真精神时曾说："如果让一个日本人每天擦桌子6次，日本人会不折不扣地执行，每天都会坚持擦6次。可是如果让一个中国人去做，那么他在第一天可能擦6次，第二天可能擦6次，但到了第3天，可能就会擦5次、4次、3次，到后来，就不了了之。"

把大家公认的非常容易的事认真地做好，就是不容易。重复简单的程序是产品质量和信誉的基础。关键是如何把一件简单的事情重复千万遍做好。在大规模的工业生产中，企业每天有数万件产品从流水线上下来，数百万个零件按程序生产和组装，其中大量工作是简单的重复性工作。任何一个环节的缺陷，都会造成产品的缺陷。要杜绝缺陷，就必须把每一件简单的事情做好。

我们说中国的饮食非常好，好吃好看好营养，就是不好推广，因为没办法量化，可操作性太差，这就为执行增加了难度。中国的厨师们说，做菜要看"火候"，可是不同的菜有不同的火候，不同的厨师又有不同的理解；"油少许"，到底几克或者几两叫"少许"呢？不知道。葱、姜、蒜"适量"，多少为"适量"呢？也不知道。上锅蒸至"七成熟"，何谓七成熟？不得而知。所以，在中国饮食中，同一个菜由不同的人做出来是不同的味道，就是同一个人有时候做出来都不一样。这也是制约中国饮食走向世界的一个原因。

再来看麦当劳。麦当劳有各种标准，并且这些标准可以尽可能地细化量化，可以说麦当劳的量化标准在餐饮业中是做得最出色的，它细化到每一项，量化到每一个：烤面包 55 秒，煎肉饼 1 分 45 秒。

面对同样的工作任务，一比较就会发现，是否认真执行，效果真是天壤之别。

一个优秀的员工必须有强烈的执行意识。如果下属不能认真执行上司的命令，那么在达成共同目标时，则可能产生障碍，反之，则能发挥出超强的执行能力，使团队胜人一等。

员工缺乏认真执行的精神，将会直接导致在贯彻企业经营理念、实现经营目标上大打折扣，更重要的是削弱了管理者、员工的斗志，破坏了工作氛围，影响了企业的整体利益。长此以往，它将会断送企业的前程。

做任何工作都要讲究结果，执行不到位是得不到好的结果的。主管下达任务的目标只有一个，就是结果。因此，复命也只有一个指向，就是对任务不能敷衍，认真去办，不能打折扣。

夜晚，有一个人在房间里四处搜寻着什么东西。另一个人问道："你在找什么呢？""我丢了一枚金币。"他回答。"你把它丢在房屋的中间，还是墙边？"另一个人问。"都不是。我把它丢在了房屋外面的草地上了。"他又回答道。"那你为什么不到外面去找呢？""因为那草地上没有灯光。"

也许你觉得这个人的思考逻辑很可笑。然而，我们经常会看到这样的事：有些人不是在认真工作中寻求公司的重用，而是完全寄希望于投机取巧，有些人则是以应付的态度对待工作，却希望得到领导的赏识，得不到就埋怨领导不能慧眼识英雄，或慨叹命运之不公。他们和那个在房间里找丢失在屋外的金币的人犯了同样的错误，那就是在错误的地方寻找他们所要的东西。

一位华为人在来到深圳西乡真正融入产品之前，并不足够认真和谨慎，曾经因为自己审核 PCB（印制电路板）归档文件的漫不经心付出了沉重的代价。事实上同样的审核 PCB 改板归档文件的工作，他至少又做过三次，即使是在增加了总体组会签审核的程序的前提下，他总是拿着上一版本的 PCB 归档文件的复印胶片，比照着新版的文件一条一条线地毯轰炸式地查过去，再也没有出过丝毫的差错。当他编写相关产品的技术资料，准备用服人员的培训讲义，给市场营销人员提供技术支持，甚至到市场上走一走，了解华为产品的运行情况并给当地用服人员讲解设备使用的注意事项时，这位员工也尽量地以此提醒自己。他把这较真的好习惯带到自己所辖产品的转产维护上去，也取得了很好的效果。

第 8 节　第一次就把事情做好

在我们的生活中这样的例子很多，例如：往垃圾桶里扔一根棉签，想少走两步路，结果没有命中，只好弯腰捡起来再扔，做重复劳动。

第一次就把事情做对、做好、做到位，是一个良好的习惯。它会节省我们很多的人力、物力、财力，使我们少走很多弯路。在执行工作时，我们第一次哪怕多花点时间、多用些精力，也要把事情执行到位，一定要坚决避免一切无谓的从头再来！要提高执行的效率，最重要的一个方法就是"第一次就把工作执行到位"。

任正非认为，因为企业是个整体，但整体是由局部组成的，从采购到营销再到服务等，每个环节都不能少，而每个环节都需要有一批人脚踏实地地去做，只有每个人都把自己的事情做好，整个企业才能正常运作。

中国有句古话叫作行百里者半九十，虽然很接近成功，哪怕只差一点点，但它仍不能算是成功。很多事情，我们差的只是最后一小步，而这看似短短的一小步，却跟成功擦肩而过。

我们可以得出的启示就是，在执行任务的时候要争取一步到位，一鼓作气做到底。

我们都还记得这样一幅漫画：一个人扛着铁锹，到处打井找水。在他的背后，是已经打过的几口井，可是都还没等找到水就放弃了，有的井，离水也不过就是薄薄的一层了。如果他在第一口井一直挖下去，很快就可以找到水，遗憾的是他放弃了。

我们在平常做事情的时候也往往这样，一件事情，做着做着，累了，没有看到成果，于是放弃了，半途而废，不但之前的努力付之东流，而且快要到手的胜利也化为泡影。

第一次没做到位，在下一次可以接着做，但是这样既浪费时间又浪费精力。如果没有及时发现错误，就会给自己和他人都造成巨大损失。

要想执行到位，由"做事"转变为"做成事"，需要用认真的态度去做每一件事情，去执行每一项任务。认真负责是能够执行到位的另一条准则。也只有认真负责，才能把工作真正执行到位，因为在执行的过程中，容不得我们有半点马虎和不负责任。

华为员工蔡某 2010 年 8 月起被派到塞拉利昂工作，负责当地市场及办公室的整体工作。他回忆道："塞拉利昂当年谁都不愿去，因为那里条件非常艰苦，国家又非常穷（联合国人文指数排在世界后三位）。我刚入公司，代表处的领导询问我是否愿意，我对那里没有什么概念，同时我觉得领导安排的工作就应该不折不扣地执行，当时不假思索就答应了。

"到了才发现，那里的环境还是突破了我的心理底线。恰逢雨季，住的地方和办公室在一个山坡上的小破院子里，屋子里面阴暗潮湿。心情落到了谷底。再接下来进行工作交接，关键客户不支持我们，项目面临被友商抢走的危险。

"在最初的 3 个月自己心里一直在做斗争，多次萌生了辞职的想法。但是后来想明白，人生处处都是挑战，这里放弃了到别的地方可能有不同的困难，临阵脱逃不是我的风格，即使我要走，那也要干出点成绩漂漂亮亮地走。同时也正是因为这里什么都差，所以很容易出成绩。从那以后我把精力全部放在工作上，每天做梦想到的都是如何运作客户关系。"

这位员工在塞拉利昂不到一年的时间，100%完成订货。

第 9 节　杜绝盲目乐观

一次，一位富商想买一支球队。当时球队要价特别高，而他认为只要有钱什么都不用担心。过分自信迷惑了他的视线，使他看不到球员的巨额薪金和日渐下降的电视收视率。然而还是有人在不断地下赌注，收购球队。他们觉得自己承受得起这种昂贵的消费。他们相信风水会变，自己不会惨败，但结果往往是，他们一败涂地。

许多人会被"想当然"牵着走，还有一个重要原因，那就是盲目乐观，"想当然"地认为后续的发展会很顺利。盲目乐观会蒙蔽我们的双眼，看不到潜在的问题，从而引发不利的后果。

市场竞争的无情不允许任何夜郎自大和盲目乐观，也不允许有任何松懈和自满，华为人最明白自己脚步下的路和肩上的担子的分量。正因为如此，华为不惜斥巨资聘请国外大型顾问公司提供管理咨询服务，并且以自办的《管理优化报》不断自我揭短亮丑，目的在于不断优化管理，不断提高企业的管理水平从而保证企业持续发展。

一位培训界的人士曾经讲过这样一件事。他给苏州的一家知名企业做了一次基层员工的培训。因为前期工作到位，这次培训的效果非常好。该企业的培训部经理告诉他，企业下个月还要做一次高层培训，有可能再次选择他。有了第一次成功合作的经验，他觉得很有信心，就交代自己单位的外联部主管与对方继续保持联系。外联部主管给企业寄了这位老师所写的关于高层管理的书籍，跟对方保持热情联系，以求第二次合作成功。

大家都相信再次合作没有任何问题。然而出人意料的是，本来都以为已经说好的事情，却发生了变化，这家企业第二次请的是其他培训机构的老师。

问题到底出在哪里？后来他特意打电话去问那位培训部经理，对方吞吞吐吐地告诉他，公司在第二次培训时想要多加一些决策案例分析，他们觉得他不太擅长，所以就请了别的老师。

他听了不知道该说什么才好，要知道他是清华大学、北京大学的客座教授，经常给高级总裁班上课，而上这类课时，他最擅长的恰恰就是决策案例分析！而无论是他还是自己单位的外联部主管，都没有向对方好好介绍这一点。

是什么原因，造成了这种"煮熟的鸭子却飞掉了"的情况呢？正是盲目乐观和过度自信导致了这种结果。因为第一次培训的成功，不论是这位主讲者，还是他的外联部主管，都对第二次培训很乐观，以为十拿九稳，在做跟踪服务的时候就放松了，也就没有及时问客户的真正需求。

过度自信是指人们经常过度相信自己判断的正确性，而当人们觉得自己对于事情的结果有控制力时，其过度自信的倾向会更明显；而所谓盲目乐观或乐观主义者是指人们有夸大自己对命运控制能力的倾向，从而低估可能产生的风险。在人类的行为中，过度自信常会使人高估自己的知识，夸大自己控制事件的能力，从而低估可能存在的风险，而盲目乐观则会使人们低估外在环境出现"不好的"状况之可能性，从而造成更大的风险。

究竟是什么原因造成了过度自信与盲目乐观呢，有以下几点原因：

1. 通常人们会高估自己的判断能力，即使参与者百分之百确定自己的答案是正确的，但实际上答对的比例只有百分之八十。因此，人们常将成功的原因归因于自己的"天纵英才"，而非环境或机会因素所造成，使得人们在做决策时不会充分考虑他人的意见，而形成所谓的过度自信现象。

2. 当人们在探索本身以外事物的过程中，通常会采用试误法来处理，借由试误法进一步产生行为的准则，但这个过程通常会导致其他的错误，此一错误现象就称为经验法则的谬误，而经验法则的谬误也是过度自信与盲目乐观之所以会产生的主要原因。

第 **8** 章

坚持的事
只能出自热爱

CHAPTER 8

　　一代一代的华为人，他们是敬业的，又是乐观向上的，这种乐观不仅表现在工作生活上，还表现在对待困难和压力上。是什么支撑着他们？正如一位员工所说："是因为心中有爱。这种爱，不仅表现在对客户、同事和家人的关爱、真诚上，也表现在对祖国、对公司的热爱与忠诚上。"

——任正非

第 1 节　干一行，爱一行

一个员工，只要你手头上有工作，就要以虔诚的心态对待它。即使你自命不凡，心中梦想的是更加美好的工作，但是对手中的工作，一定要以欢快和乐意的态度接受，以虔诚和认真的姿态完成。所以，不仅要"干一行，爱一行"，还要"爱一行，成一行"。

任正非认为，做好你手头的工作，人生才有一个完美的结果。当一个人"干一行，爱一行，成一行"时，才会发挥出他自己最大的效率，而且也能更迅速、更容易地获得成功。

通常情况下，人们会陷入一种误区，总认为自己只有在条件优越的工作岗位上才能实现自己的价值，对一些职位低下的工作岗位总是嗤之以鼻。很多人总认为自己所从事的工作低人一等，而他们还继续从事这项工作，仅仅是因为他们迫于生活的压力，这样的人永远也无法体会到工作的乐趣。如果一个人将自己的工作看成低贱的事情，那么他决不会尊重自己，因为他看不起自己的工作，所以倍感工作艰辛、烦闷，当然不会做好工作。

在对人的判断标准上，任正非有很多叙述，最有代表性的是：

区别好的领导还是不好的领导：第一，你有没有敬业精神，对工作是否认真，改进了，还能改进吗？还能再改进吗？这就是你的工作敬业精神。第二，你有没有献身精神，不要斤斤计较，我们的价值评价体系不可能做到绝对公平。我认为献身精神是考核干部的一个很重要因素。一个干部如果过于斤斤计较，这个干部绝对做不好，你手下有很多兵，你自私、斤斤计较，你的手下能和你合作很好吗？没有献身精神的人不要做干部。第三点和第四点，就是要有责任心和使命感。

这段叙述中，任正非强势地将个人能力和组织能力做了区分，敬业精神应该说早已融入了华为的组织氛围里。

小看自己的工作，这是一种非常错误的认识，凡是有这种想法的人对待工作往往是敷衍了事、得过且过，结果只会在影响工作效率的同时，浪费自己的青春。

通用电器前总裁杰克·韦尔奇的第一份工作是在一家鞋店做售货员。他自己回忆道："我第一次打工是在汤姆·麦肯的鞋店。在那里我经常接触各种各样的人，这份工作非常有意思。我给人们拿来各种各样的鞋子，井井有条地依次放好，然后让他们试鞋。如果他们不喜欢某种款式的鞋，我总是尽量让他们考虑另一双也许更令人满意的鞋。这份工作让我学到了一条很重要的生意经：一切为了做成买卖，我从不想让一个顾客没买鞋就离开商店。"

即使在给顾客试鞋这样的工作中，韦尔奇仍然能学到东西，同样，我们是不是也可以做到？

西班牙谚语说："干什么事，成什么人。"假如你是一个萝卜，就力求踏实地做个甜脆的好萝卜；假如你是棵白菜，就力求踏实地做一棵瓷实的包心好白菜。要能安于平凡，又尽力而为，努力不懈，这样才会既有知足的快乐，又有成功的喜悦。

华为厨师肖秀林的事迹可以说是"干一行，爱一行"的典型。

肖秀林在华为的行政岗位上已奋斗了 18 年。用他的话说："不管干啥工作都得要专业，首先自己要摆正心态，干一行爱一行，行政工作就是要深入现场，才能把工作做实，有再多的经验也离不开现场监管。"

他在俄罗斯，建立起华为第一个海外食堂。

1997 年，还是小伙子的肖秀林来到海外第一站，到俄罗斯代表处负责行政后勤工作，一干就是 8 年。在 2000 年时，代表处的业务迅速扩大，员工猛增到 80 人，吃饭一下子成了问题。为了让兄弟们能吃饱饭，代表处决定尽快建设一个正规的食堂，并将这一任务交给了小肖。

那时要建一个食堂并不是一件容易的事，小肖每天从早忙到晚，装修、电路改造、采购灶具餐具、招聘本地厨师。由于食堂建在地下室，最让他头疼的是排风问题：小功率的排气扇不好用，大功率的又太贵，怎么办？他跑到二手市场转了几次，终于找到一台抽风机，几番讨价还价，以相当于新机器 1/10 的价格买了下来，这足足让小肖高兴了好几天！

食堂开业那天，代表处主管拍着他的肩膀说："秀林啊，兄弟们终于可以吃饱了，太感谢你了！"

他在波兰建立了第一个自助式食堂。

2007 年，肖秀林在波兰常驻，负责膳食管理。欧洲的人力成本高，厨师招聘困难，食堂人员的工作量很大，从而导致人员更不稳定。同时，员工人数较多，众口难调，周末想多做几个品种给大家改善一下伙食，又容易产生浪费。如何才能用更少的人，提供更恰当的膳食服务呢？肖秀林在服务模式上动起了脑筋。经过代表处同意，他将波兰的食堂由点餐改为自助餐。

自助式用餐推出后，食堂服务人员减少了；厨师能发挥特长，做出口味更丰富的菜品；员工选择的空间更大了，吃得更开心；自助餐盘的使用还大大降低了清洗碗碟的工作量……

2008 年开始，肖秀林走遍西欧和东北欧 16 个国家，把波兰膳食管理的成功经验复制给当地的华为行政部门，完成了自助餐模式的全面推行。"小肖"的称呼也慢慢变成了"老肖"，老肖总结说："表面上看，行政工作'平凡'，实际上行政作为后勤部门，保障员工吃住行很重要，后勤保障搞好了，前线员工才能轻松上阵。"

2012 年 4 月，老肖回国成为廊坊行政分部的一员。适逢廊坊基地部分实施班车社会化，廊坊基地距离市区较远，为了给员工创造条件，廊坊行政分部通过与政府的反复沟通，终于使公交车开到了廊坊基地门口，让员工上下班多了个选择。2013 年 1 月 18 日是公交车开通第一天，如果那天你也在廊坊，如果你也是公交车的乘客，你也许会注意到，在那个春光明媚的早晨，有一个同事一直站在公司大门口迎接大家。这个人就是肖秀林。其实老肖通常每天早晨 7 点就到公司，上班前在园区里查看现场已经成为他的习惯，他甚至因为 2012 年廊坊基地新换的膳食供应商第一天把粥熬煳了，在第二天清晨 5 点就直奔后厨现场指导和监督食堂大师傅熬粥。在行政岗位上奋斗了 18 年，其中 16 年在海外，为大家建起了一个又一个食堂，得过金牌奖和天道酬勤奖……一路走来，老肖对自己给出的是肯定的评价，他说："行政工作平凡，但每个员工都离不开；行政工作琐碎，但让我实现了自己的价值；行政工作充满酸甜苦辣，但我的青春不后悔！"①

①王红.肖秀林：我的青春不后悔［J］.华为人，2013.

第2节　为荣誉而工作

　　西点军校的校训：责任、荣誉、国家。这正是西点军校最核心的理念所在，也是影响美国200年国运的3个关键词，国家一词意在唤起一种为国家利益和民族理想服务的献身精神，责任和荣誉则是军人职业伦理的核心。"责任、荣誉、国家"这个神奇的口号现在已经响遍了全世界，被众多世界知名的企业和有识之士所推崇，它体现的是一种负责、诚实的态度，一种很高的道德标准。在军队、企业、政府机构，缺少的正是这种人，具有强烈的责任感、荣誉感和献身精神。

　　任正非表示："我们的劳动不仅改变了人们的生活，增进了人们的沟通，而且也一天一天地充实着我们自己，丰实着我们家人的生活，也在一年一年地改变我们自己的生活。我们在分享劳动果实的同时，又增加了对未来的憧憬，这些在慢慢地加深着我们对劳动本身的体悟和认识。热爱劳动不仅仅是一种美德，劳动中的人也是美的，在劳动中品尝到一种愉悦甚至幸福。当看着我们贫瘠的土地变成了绿洲，当看着事先连想都不会想象得到的、代表着现代文明的成果在我们勤劳的双手中不断地被创造出来时，这种心情是无论用什么语言都难以表达的。"

为荣誉而工作，我们不再只是将工作看作谋生的手段，从而被动无奈地从事某种职业，挣一点辛苦钱，我们将满怀激情地过一种负责尽职的生活，在自己的工作中找到乐趣与幸福。为荣誉而工作，就是在平凡的工作岗位上做出最出色的成绩，让企业优秀起来，让企业更好地为社会服务。

一位华为人这样记载了为华为荣誉而战的经历。"2008 年 2 月，项目启动改版。EMC 实验室成立了 EMC 问题攻关组。成员有老孟、许帅、小王和我。对于该产品，全部采用非屏蔽线缆，要在 4 层板上实现具有 24 个网口、4 个 GE 光口、2 个 GE 电口的 L2/L3 层交换机，谈何容易！整个改版 PCB 布局布线就花费了一周多的时间，我、王庆海、许帅有一周的时间轮流在 CAD 蹲点，每天上班后首先到互连报到，一根线、一根线地和互连的兄弟一起调整。

"那段时间，我们的压力很大，这种压力已经超越了我个人的得失和成败，而是关乎部门的荣誉还有攻关组其他人。2008 年的春节我们在忐忑不安中度过。

"2008 年 3 月，改版后的产品版本进行 EMC 测试，RE 测试结果整机通过 Class B，裸板通过 Class A。看到这个结果后只能用'狂喜'来形容当时的心情。"

为荣誉而工作，就是主动争取做得更多，承担更多的责任；为荣誉而工作，就是全力以赴，满腔热情地做事。

曾经有一个人一生下来就双目失明，为了生存，他继承了父亲的职业——种花。他从来没有看到花是什么样子。别人说花是娇美而芬芳的，他有空时就用手指尖触摸花朵、感受花朵，或者用鼻尖去嗅花香。他用心灵去感受花朵，用心灵绘出花的美丽。他对花的热爱超出所有人，每天都定时给花浇水，拔草除虫。在下雨的时候，他宁可淋着，也要给花撑伞；炎热的夏天，他宁愿晒着，却要给花遮阳光；刮风时，他顶着狂风，却要用身体为花遮挡……不就是花吗，值得如此呵护吗？不就是种花吗，值得那么投入吗？很多人甚至认为他是个疯子。"我是一个种花的人，我得全身心投入到种花中去，这是种花人的荣誉！"他对不解的人说。正因为他辛勤地付出，他的花比其他花农的花开得好，很受人欢迎。

"我是一个种花的人，我得全身心投入到种花中去，这是种花人的荣誉！"这句质朴的话却不是一般人能够发自内心说出来的，我们能不能由衷地说"我是员工，我得全身心投入到工作中去，这是员工的荣誉"呢？

做每一份工作，只要是合法的，都应该带着荣誉感和使命感，如果没有这两样东西，人容易消极，先是工作越来越被动，然后是越来越没意思，最后会导致对生活失去兴趣。

"神舟六号"飞天靠的就是航天英雄有巨大荣誉感和使命感的支撑。"神舟六号"座舱只有9立方米空间，在这种极其有限的狭小空间内生活5天，对于正常人来讲，这是一个几乎不可能完成的任务。然而经过严格训练的两位飞天英雄，费俊龙和聂海胜却在封闭式的座舱内度过了5个日夜。他们在挑战神州大地宇航载人纪录的同时，也经历了一场自我心理考验战。

上海中医药大学博士生导师、中华医学会副主任委员何裕民教授认为：若非是宇航员的太空舱，一般情况下人在进入局限空间前必须加以确认，其心理应先产生"动机效应"，即有一个信念支撑，否则长时间的封闭空间对人的身体和心理的伤害是非常大的。倘若费俊龙和聂海胜心里没有宇航员"飞天"的巨大荣誉感和使命感的"动机"，普通人是很难健康地在这 9 立方米的空间内生活 5 天的，或多或少都会引起心理或生理上的不适。

第3节　从尊重工作开始

所谓"敬业"，就是要尊重自己的工作！美国伟大的职业成功学家詹姆斯·罗宾斯说："敬业，就是尊崇自己的职业。如果一个人以一种尊敬、虔诚的心灵对待职业，甚至对职业有一种敬畏的态度，那他就已经具有了敬业精神。但是，他的敬畏心态如果没有上升到敬畏这个冥冥之中的神圣安排，没有上升到视自己职业为天职的高度，那么他的敬业精神就还不彻底、还没有掌握精髓。天职的观念使自己的职业具有了神圣感和使命感，也使自己生命信仰与自己的工作联系在了一起。只有将自己的职业视为自己的生命信仰，那才是真正掌握了敬业的本质。"

华为总裁任正非认为，一个人想要成功，那就要敬业，敬业的前提就是尊重自己的职业，因为一个看轻自己职业的人，心里的蔑视让他不可能全心全意地去对待工作，只有尊重并以自己职业感到自豪的人才能迸发出高度的热情来为自己的职业服务。

尊重自己的工作，也会获得别人对自己的工作的尊重。任正非就这样表示："我们要尊重那些踏踏实实、认真努力、恪守职责，并不断改进自己工作的老员工，要给予他们多一些的培训机会。他们是我们事业的基础。要帮助他们进行工作适应性调整，使他们在合乎自己能力的岗位上，发挥作用。通过不断改进本职工作，来提升自己的待遇。要干一行，爱一行，专一行。"

著名顾问管理专家威迪·斯太尔在为《华盛顿邮报》撰写的专栏中曾经说道："每个人都被赋予了工作的权利，一个人对待工作的态度决定了这个人对待生命的态度，工作是人的天职，是人类共同拥有和崇尚的一种精神。当我们把工作当成一项使命时，就能从中学到更多的知识，积累更多的经验，就能从全身心投入工作的过程中找到快乐，实现人生的价值。这种工作态度或许不会有立竿见影的效果，但可以肯定的是，当'轻视工作'成为一种习惯时，其结果可想而知。工作上的日渐平庸虽然表面看起来只是损失一些金钱或时间，但是会让你的人生留下无法挽回的遗憾。"

想要在工作中取得成就，首先就要从尊重自己的工作开始，只有尊重自己的工作，我们才会用心地去做工作中的每一件事情，使工作更有意义，使成功离我们更近！尊重自己的工作等于尊重自己。

工作是每个人生活中不可缺失的一部分，因为工作，我们得到了幸福；因为工作，我们得到了快乐；因为工作，我们得到了生活中物质的享受；因为工作，我们得到了所有的一切。所以，用好的心态去对待工作中的每一件事，并且快乐地完成它，让我们在生活中享受工作所带来的乐趣，享受自己成长的喜悦。不要轻视自己所做的每一项工作，即使是最普通的工作，每一件事都值得我们去做，值得我们全力以赴，尽职尽责，认真地完成。工作本身没有贵贱之分，但对于工作的态度却有高低之别，尊重我们的工作也是对我们自己最大的尊重。

在 2006 年全国五一劳动奖章获得者中，18 名农民工格外引人注意。在这 18 人中，有 7 人来自建筑业，4 人来自采掘业和制造业，7 人来自服务业和其他行业。管道工、浇铸工、木工、钢筋工、炉前工、搬运工、清洁工、饭店服务员、保安等等，他们都从事着一些"城里人"不愿意干的职业，但是都在平凡岗位上创造了不平凡的业绩，为什么？他们中间的每一个人都极其热爱和尊重自己的工作，不觉得自己的工作给自己丢脸，相反的，正是因为这种精神，他们努力工作，得到的是除了他们自己以外更多人的尊重和理解。

工作本身没有贵贱之分，不同的只是人们对于工作的态度。看一个人是否能做好事情，主要是看他对待工作的态度。在我们的身边，有许多人不尊重自己的工作，不把工作看成创造一番事业的必由之路和发展人格的助力，而视为衣食住行的供给工具，认为工作是生活的代价，是无可奈何、不可避免的劳碌。那些看不起自己工作的人，往往是一些被动适应生活的人，他们不愿意奋力崛起，努力改善自己的生存环境。

古语有言"在其位，谋其政"。只要我们拥有一个岗位，我们就有义务也有责任把岗位工作做好，要对工作负责，做任何工作都兢兢业业、善始善终地做好。只有养成这样的习惯，才能真正把工作当成自己的乐趣，把岗位当成人生的使命，像热爱生命一样热爱工作，像对待自己一样对待岗位，倾注热情、承担责任、尽心尽力、善始善终，岗位工作才会做得圆满、如意，人生的成功也就不再遥不可及。

一家著名的公司在举行成立 30 周年庆典的时候，向优秀员工颁发了许多奖杯，其中最后一个最有价值的奖杯颁给了一位上了年纪的清洁工，这位清洁工已经在这里工作了 30 年，每一间他打扫过的办公室都一尘不染，每一天他都尽自己最大的努力把清洁工作做到极致，这位清洁工赢得了公司老总及全体员工长时间的热烈掌声。

每一种工作都有它的非凡之处，我们不应该妄自菲薄。

每一种工作都有它的快乐之处，我们应该用心去体验。

第 4 节　高质高效地工作

　　一般说来，人与人的智慧相差无几，工作成效的高低往往取决于对工作的负责态度和勇于将事情做好的精神。尤其是遇到挫折而仍不屈不挠、坚持到底，不到成功绝不罢手的人才，其成效必然较高，易获得上级领导和同事们的倚重和信赖。从以下文字中，你可以看到华为人的高效与身为华为人的骄傲。"为了站点获取，我们刚果（布）国家覆盖网交付项目团队协助客户制定了流程并确定了主攻公有站点的策略；我们协助客户申请私有站点预算，在国土局办公室等审批，一等就是几个小时；为了一个签字，我们拿着图纸直飞另一个城市。客户惊讶于华为工程师对工作如此专注和高效，总是感叹：'Huawei is a big company.'与客户开会，我们各模块负责人，外线的、站点的、中心机房的、培训中心的，齐齐到场，客户惊讶于我们的阵容：'Huawei is a big company.'每次外线勘测和站点获取，客户看到我们的工程师和司机准备如此周全，计划如此细致，总会对我们笑容满面：'Huawei is a big company.'2012 年 3 月 4 日早上 8 点左右，首都军火库意外爆炸造成上千名平民伤亡，我们宿舍驻地距离爆炸点仅两公里，屋里的吊顶都被震下来了，窗上的玻璃被震碎布满地面。爆炸后第三天，项目组就恢复了日常工作，爆炸后的第一个周末，我们为当地居民捐赠救灾药品和现金，客户说，'Huawei is a big company.' 2012 年 11 月 30 日，客户的 IPTV（网络协定电视）业务终于可以上线了，我们被邀请到客户 CEO 办公室体验。当大家欢呼雀跃时，客户 CEO 竖起了大拇指：'Huawei is a big company.' "

一家商行聘用了小王和小李两名应届毕业生，他们工作都很努力。没过几年，小李很快就从普通业务员做到了业务主管，而小王一直还是业务员。有一天，小王终于忍不住向老板提出辞呈，认为自己和小李一起来的公司，但没有受到老板的重用。老板听完小王的一番话，为了让小王深刻了解和小李的差距，出了一个题目。老板说："可能是我没有慧眼，不过我还是想证实一下，你现在到市场看看有没有人卖西瓜。"小王很快来到市场找到了卖西瓜的人，然后回到商行告诉老板说有人卖西瓜。老板问小王："他们西瓜多少钱一斤？"可小王并没有注意到这些细节，只好又跑到市场去问。这时老板告诉小王："你看看小李是怎么做的。"老板吩咐小李同样的事情，过了不久，小李回来报告说："老板，市场我都找遍了，只有一个摊贩在卖西瓜，1 公斤卖 12 元，10 公斤特价 100 元，库存还有 340 个，市场上有 58 个，每个大约有 15 斤，前两天才从南方运来的，全部都是红瓤西瓜，品质上还不错。"

小王听了后终于了解到自己和小李之间的差别，他决定不辞职，立志向小李看齐。

怎样高质高效地完成工作任务：

1. 确定方向，不走冤枉路

工作的高效性体现在对时间的支配上，首先要有明确的目的性。

只有明确自己的工作是什么，才能认识自己工作的全貌，明确自己的责任与权限范围，从全局着眼观察整个工作，防止每天陷于杂乱的事务中。

仔细想想工作的重点是什么，希望借此得到什么结果，这样做之后是不是真的能得到想要的结果，与主管及上下游流程的同事一同讨论，再决定整个方向及流程。

2. 做专案执行计划

事先做好计划表可以帮助我们理清想做完的事。

3. 事前准备需周到

在工作过程中再花时间去寻找所需的资料或工具，徒增出错的机会。事前将一切所需都准备好，即取即用。随时准备好最新的资讯："资料"的随时更新与增删，可以让我们永远掌握到最新的讯息，并随时将它做好整理、归类等工作，以供随时掌握最新的状况，并可迅速做出正确的思考判断。

寻找自己的"良师"：在公司内外寻求一群具备不同专业技能与职位的老师，他们的经验、智慧与人际关系可以协助你。

4. 不断学习知识与技能

不断学习对工作能力的增进很重要，主动发问、参加课程，甚至只是默默观察别人怎么做，都能学习到知识和技术，再提炼出更有效的做事方法与解决问题之道。

5. 借用他人时间

要让工作有效率，分工合作甚至找专家帮忙都是方法之一，授权是节省时间的终极武器，也是提高效率的法宝。清楚界定责任。确定对方了解他所应负的责任，如果他不了解任务及目标，或是不符合你的期望，要重新仔细检讨整件事。

6. 控制情绪

每份工作都会面临压力，这就需要我们管理自己的情绪。情绪管理就像大禹治水一样，最好能够疏导，如果一股脑儿将不满情绪发泄在工作或同事身上，只会让工作受阻，所付的代价更大。[①]

---

①晓龙.高效工作有七招［N］.青年参考，2004.

第5节　任何时候都能坚守岗位

任正非走访过很多国家，考察过众多的工厂，无一不对资本主义国家的员工的敬业精神所感动。任正非在 1994 年 12 月《华为人》报上撰文道："我多次在员工教育会上讲过，我们要赶超发达的资本主义国家，就应向他们学习长处。公司近些年的发展迅猛，除了万门机进入世界一流水平，大量投产开局外，还在进行处理能力极强、中继容量数万门的智能网的 SSCP 点的研究。一旦成功，将担负起中心城市各种新业务的汇接。如果我们的员工素质不高，培训不严，因经验不足，处理不当，造成全网瘫痪，这是多么可怕的局面。因此，从难从严，从实际出发，各级组织，加强员工培训，是一项长期的艰巨任务。

"下面两则空难可以看出。韩国航空公司的班机降落时已经发生事故，几分钟后就发生爆炸。而在该机组空姐的疏导下，2 分钟内全体人员撤离飞机。最后一名空姐检查完确认机上已无人跳出机舱，这时飞机已陷入大火之中，旋即，连串的爆炸开始。

"我国西北航空公司的图 –154 客机，在西安机场检修时，自动驾驶仪的偏航回路导线，被错接到倾斜控制系统上，而倾斜回路的导线被错接在偏航控制回路上。如果飞行前做一次严格的检查，如果飞行员训练有素，在塔台工作人员的指挥下，处理果断一些，160人的生命将会得以挽救。而命运之神一次又一次被错过了。"

任正非认为，华为生存下去的唯一出路是提高质量、降低成本、改善服务，否则十分容易被外国集团垄断，一棒打垮。在这样的思想指导下，华为建立起了一整套完善的员工培训体系，这套体系几乎涵盖了企业培训的全部内容，包括新员工培训系统、管理培训系统、技术培训系统、营销培训系统、专业培训系统、生产培训系统，以提高华为人的敬业精神，使他们任何时候都能坚守岗位。

一个大雪天的夜晚，约翰·格林中士正匆匆忙忙地往家赶。经过公园的时候，他听到一个孩子在哭。格林问他为什么不回家，孩子说，和他一起玩耍的那些孩子都不知道跑到哪里去了。他是士兵，他在站岗，没有命令他不能离开这里，站岗是他的责任。

格林中士的心为之一振，向孩子敬了一个军礼，说道："下士先生，我是中士约翰·格林，我命令你回家，立刻。""是，中士先生。"小孩高兴地回答，然后还向格林敬了一个不太标准的军礼，撒腿就跑了。格林中士望着孩子的背影直到消失，自言自语地说："他值得我学习。"

也许你觉得小男孩的倔强和坚持看起来似乎有些幼稚，但在这个孩子身上体现的，对于责任的坚守却是很多成人无法做到的。

军官对小男孩的执行态度十分赞赏。回到家后，他告诉自己的家人："这个孩子长大以后一定会成为一名出色的军人，他对工作岗位的责任意识让我震惊。"军官的话一点都没有错，后来，小男孩果然成为一名赫赫有名的军队领袖，他就是布莱德雷将军。

老张是个退伍军人，几年前经朋友介绍来到一家工厂做仓库保管员，工作不繁重，无非就是按时关灯，关好门窗，注意防火防盗等，但老张做得十分认真,他不仅每天做好来往工作人员的提货日志,将货物有条不紊地码放整齐,还不间断地对仓库的各个角落进行打扫清理。

3年下来,仓库没有发生一起失火偷盗事件,其他工作人员每次提货也都会在最短的时间里找到所要的货物。在工厂建厂20周年庆功会上,厂长按老员工的级别,亲自为老张颁发了5000元奖金。好多老职工不理解,老张才来厂里3年,凭什么能够拿到老员工的奖项?厂长看出大家的不解,于是说道:"你们知道我这3年中检查过几次咱们厂的仓库吗?一次也没有!这不是说我工作没做到位,其实我一直很了解咱们厂的仓库保管情况。作为一名普通的仓库保管员,老张能够做到三年如一日不出差错,而且积极配合其他部门人员的工作,对自己的岗位忠于职守,比起一些老职工来说,老张真正做到了爱厂如家,我觉得这个奖励,他当之无愧!"老张三年如一日,坚守自己的岗位,认真对待自己的工作,在平凡工作中争取不平庸,努力追求卓越。

只有牢记自己的职责,坚守自己的工作岗位,在工作过程中,时刻不忘记自己的责任,尽心尽力地把工作做好,才会得到他人的信任,才会取得事业上的成功。

2011年上半年,全球频发自然灾害和战争动乱,面对天灾人祸,华为的员工依然坚守岗位。

自2011年2月14日起,中东巴林发生大面积游行示威活动,示威游行逐步升级为暴力冲突。华为VIVA项目组的运维中心位于反对派和支持派活动交汇处,随时都可能受到游行示威人员的打砸抢,技术骨干辗转迂回,放弃平常只需要15分钟即可抵达的线路,选择了2个多小时的绕行而抵达运维中心,对网络进行现场24小时值班服务。

2011年4月,科特迪瓦内战爆发,华为宿舍区域也爆发大规模枪战，客厅的玻璃都被流弹击中了。在这样的情况下，华为开始梳理撤离人员。然而，许多技术服务员工却纷纷请战，主动要求留下来，甚至不在代表处的同事也写邮件请战回来。

在刚果（金），对于分包商由于安全原因拒绝前往施工的地区，依靠华为 GTS（全球技术服务部）员工的力量建立起了第一座铁塔。

在巴西，百年不遇的特大洪水冲毁了所有的道路和公共设施，华为克服种种困难，在雨中坚持施工。

在北美，华为客户服务工程师为了处理问题和支持客户升级，通宵达旦地值守机房，第一时间为客户提供服务。

在也门，华为 GTS 冒着硝烟，坐着当地警察护送的车辆奔波在去往局点的路上。从南非丛林到硅谷灯光，从麦加朝圣到奥运赛场，从赤道到北极圈，任何时刻，坚守岗位，保障客户网络的稳定运行，是华为全球技术服务员工最基本的职业操守和共同的信念。[①]

---

① 李咏梅.基本的职业操守［J］.华为人，2011.

第6节 自觉维护公司形象

判断一个员工是否职业化，最简单的方式就是看他的日常言行。如果他在跟公司外面的人谈事时，只从个人的身份出发，而考虑不到自己的一言一行都代表着公司形象，那么这个员工就不具备职业操守。反之，如果一个员工在和别人谈起自己的公司时，总是非常谨慎，处处维护公司的形象，那么这位员工一定有着强烈的职业操守。

任正非认为，维护公司形象是集体荣誉感的一种表现。在企业中，一个成熟的人必须具备集体荣誉感，并且努力使这种自觉成为习惯。在日常工作、生活中自觉维护集体的荣誉，体现在细微之处，比如，拨打和接听电话时，任何时候，你都应该注意语气，体现出你的素质与水平，展示公司的形象。微笑着平心静气地接打电话，会令对方感到温暖亲切。

再比如衣着、发型、步态、耐心，比如不要在客户面前谈公司内部的事等细节，都是一个优秀的企业人的基本功。在公司出现重大变故时，要保持镇静；在遇到危害公司声誉的行为时要挺身而出，力挽狂澜。

维护公司形象应体现在每个员工工作以及生活的方方面面，尤其在与外部人员交往时，更应时刻注意维护公司形象，不说、不做有损公司形象的言论和行为。要知道，此时你代表的不仅仅是个人，而是整个公司。

2006 年第 10 期《特别关注》杂志上刊登张丽钧的一篇《抓住良机》的文章：

杨先生在一家保健品公司担任推销员。一次，他乘飞机出差，遇到了劫机。熬过了惊心动魄的 10 个小时之后，在各界的积极努力下，问题终于得到了解决。就在要走出机舱的一瞬间，杨先生突然想到在影视作品中经常看到的情景：当被劫持的人从机舱中走出来的时候，总会有不少记者前来采访。为什么不利用这个机会，宣传自己公司的形象呢？

想到这儿，他立即做了一个在那种情况下谁都难预料到的举动——从箱子里找出一张大纸，在上面写了一行大字："我是某某公司的推销员，我和公司的某某牌保健品安然无恙！非常感谢营救我们的人！"

他打着这样的牌子一出机舱，立即被电视台的镜头捕捉到了，他成为这次劫机事件的明星！多家新闻媒体对他进行了采访报道。

待他回到公司的时候，董事长和总经理带着所有的中层主管在公司门口夹道欢迎他。原来，他在机场别出心裁的举动，使得公司和产品的名字在一瞬间家喻户晓。公司的电话都快被打爆了，客户的订单更是一个接一个。董事长动情地说："没想到，你在那样的情况下，首先想到的竟然是公司和产品。毫无疑问，你是最优秀的推销主管！"董事长当场宣读了对他的任命书：任命他为主管营销和公关的副总经理。之后，公司还奖励了他一笔丰厚的奖金。

华为人在工作中积累着保护华为形象的经验。海外支持"洋名"必不可少，其实就是英文名。华为人常常犯一个错误，知道客户的英文名，却不知道自己同事的英文名。大家都作为华为人，以一个集体的身份出现在客户面前，记住同事的英文名是和客户进行良好交流的基础。

举个例子，经常有这样的情况，客户找不到 Justin（华为人员张三），打电话给你，而你却不知道张三就是 Justin，无法帮助客户找到他，客户此时会非常不理解，常常反问："你不是华为的吗？"简简单单的一个英文名也会让公司的形象大大受损。所以，华为人总结出经验，海外支持，小事不小，处理好文化差异，于细微之处可建立良好的工作关系。

文花枝是湖南湘潭市新天地旅行社的一名普通带队导游。2005 年 8 月 28 日下午，文花枝在带旅游团去延安的途中遭遇了特大车祸。当时，年仅 22 岁、身负重伤的她本可以最先得到救治，但她深知自己是导游，有责任和义务给旅客提供最大的帮助，便不顾自己的安危，吃力地对前来救援的交警说："我是导游，后面是我的游客，请先救游客！"毅然决然地把机会让给了别人。为此，最后被救出的她因为耽搁了极其宝贵的两个小时，左腿不得不被锯掉。面对与轮椅为伴的残酷现实，她仍笑靥如花，对采访的记者说："我是一个普通的导游，只是做了我应该做的事。"

文花枝表现出来的先人后己的职业道德和尽职尽责的职业精神，让每一个知道她事迹的人都对她肃然起敬。她的行为为她的公司、她的行业增了光、添了彩。

企业的形象如同储蓄的户头，当你不断用产品累计其价值时，便可尽享其利息。

第 7 节 进取心是华为的主旋律

进取心是什么？美国奥里森·马登的《高贵的个性》一书扉页上的几句话清晰在目：进取心是完成崇高使命和创造伟大成就的动力，它是一种极大激发人们抗争命运的力量。于一个企业是如此，于一个民族中的每一个个体依然如此，进取心最终会成为一种伟大的激励力量。

任正非表示："人要有进取心，要努力，要做出贡献，但是也要有满足感。自己的力量发挥到最大，就应对人生无愧无悔。"

积极进取是人才素质的重要内容。一个人只有具备了进取心才能不安于现状和已经取得的成绩，才能不断朝着新的目标前进，从而获得更大的成功。

没有什么比进取心更重要的了，这种态度影响着对自己的评价和对未来的期望。如果态度是消极而狭隘的，那么人生将是平庸的。我们必须以高于普通人的眼光来看待自己，而不仅仅满足于做一个小职员。我们必须坚信自己能拥有更高的职位，以督促自己努力得到它，否则，永远也得不到。

拿破仑曾经说过："不想当元帅的士兵，不是好士兵。"这是对进取心的最好说明。世上成大事者都是因为有一颗"想当元帅"的野心而最后如愿以偿的，否则就会永远平庸。进取心是人类行为的推动力，使人类可以有力量开发更多的资源。当然，进取心没有止境，所以要懂得将它调整在一个合适的限度内，让它充分发挥对人的激励和鼓舞作用。

每一个成功者都有着勇往直前、不满足于现状的进取心。当一个人具有不断进取的决心时，这种决心就会化作一股无穷的力量，这种力量是任何困难和挫折都阻挡不了的，凭着这股力量，他会不达目的绝不罢休。敢于挑战就是成功的进取心所驱动的。

莫德克·布朗的成功经历，完美地诠释了进取心与成功之间的联系。

莫德克是美国棒球界历史上最伟大的投手之一，他从小就决心要成为棒球联盟的投手。

可是上帝并没有因为他的决心而将幸福降临到他的头上。他小时候在农场做工时，不小心被机器夹住了手，失去了右手食指的大部分，中指也受了重伤。

我们都知道一个投手失去手指意味着什么。成为棒球联盟最好的投手，在这个事件发生之前是完全有可能实现的，手受伤了，这个梦想好像永远只能是梦想了。

可是这位少年不这样想。他完全接受了这个不幸的事实，尽自己最大的努力，学会用剩余的手指投球，终于成为地方球队的三垒手。

莫德克投的球速度快，又有角度，上下飘浮，然后才会进入捕手手套的中央。击球手因此束手无策。他的三击纪录和成功投球的次数都很了不起，不久便成为美国棒球界的最佳投手之一。

正是受伤的手指，也就是变短的食指和扭曲的中指，使球产生了如此与众不同的角度和旋转。少年莫德克之所以能成功地实现自己的梦想，正是靠着一股永远进取的精神。

对于一个有进取心的人来说，即使屡遭失败也仍然会十分努力。成功的大小不是由一个人达到的人生高度来衡量的，而是由他在成功道路上克服的障碍的数量来衡量的。

爱迪生说："我是在别人都停下来的地方开始的。"进取心能驱使一个人在不被吩咐应该做什么之前，就能积极主动地去做应该做的事。

美国富兰克林人寿保险公司前总经理贝克曾经这样告诫他的员工："我劝你们要永不满足。这个不满足的含义是指上进心的不满足，这个不满足在世界的历史中已经导致了很多真正的进步和改革。我希望你们绝不要满足，我希望你们永远迫切地感到不仅需要改进和提高你们自己，而且需要改进你们周围的世界。"这样的告诫对于我们每一个人来说，都是必要的。

奋斗、永不满足的进取心永远是华为的主旋律。"来，海涛，我们以咖啡代酒，为拿下维保合同干一杯。"华为用户服务主任管伟对服务经理邢海涛说道。在得知处理订单的客户有可能因休假而影响订单的下发后，管伟与邢海涛在周日便驱车 400 多公里到曼彻斯特拜访客户。也许客户被这份寒冬中的热情和专注所感动，原本已经休假的客户，周一早上便早早来到办公室与管伟、邢海涛就合同条款做最后的确认。签字后，客户给采购部打了电话："尽快完成流程处理，争取今天给华为发出订单。"看着电脑中收到的电子订单，管伟和邢海涛悬着的心终于落下。其实在全球各地，每天都会有华为员工各种各样的优秀事迹发生，他们面对的可能是自然天气、生活环境、疾病威胁、战争危险、竞争激烈等种种困难险阻，但华为人身上总有一股拼搏进取、积极向上、不畏艰难、永不服输的精神。

第8节　专注并全身心投入

有人说，成功与失败的分水岭就是能否把所认定的那个目标坚持到底。其实，这也就是一个人对于目标的专注力问题，专注力可以让一个人从始至终都不会放弃目标，当发现问题时，首先要想的是如何克服、如何解决，而不是先说服自己放弃。

任正非表示："只有全身心地投入、潜心钻研，才会有爱因斯坦、居里夫人、瓦特与贝尔……才会有没有受过系统教育而成为发明大王的爱迪生。"

每年，大雁向南飞的过程中，虽然飞得很快，但是几千公里的漫长旅途也得飞上一两个月，一路上风吹雨打，艰难凶险，时刻面临生死存亡的考验。可它们依旧春天北去，秋天南往，从来没有因为困境而止步不前。大雁们年年如此，一旦起飞，便不会偏离航向，一直向前。人生也是如此，只有不偏离航向，一直向前，专注于心中那个目标，并全身心地投入，才会产生最大的力量。

非洲猎豹在追逐羚羊时，通常目标只有一个，即使身边不远处就站着其他羚羊，猎豹也绝对不会转向其他羚羊。它知道，在追逐中双方体力的消耗都非常大，但其他羚羊依然有非常充沛的体力，如果更换目标，就等于放弃之前的努力，最后只能是一无所获。事实上，每次这种坚持目标的追逐，都会让猎豹成功地捕到羚羊。

巨人网络创始人史玉柱常说的一句话是："聚焦、聚焦、再聚焦。"这是史玉柱成功的一个重要法则，也是史玉柱在巨人上市路演时会说的几个不多的英文单词之一。专注，是史玉柱的品质，也是巨人的品质。专注表现在两个方面：一是业务的专注；二是工作的专注。专注的企业文化是史玉柱一再强调的。在投资方面，史玉柱避免多元化，尽力只做一件事，达到百分百的成功率。史玉柱曾说："10 年来我分阶段地做了三件事，保健品、投资银行、网络游戏，成功一件再做另一件。"当然这种专注和聚焦是史玉柱在经历失败后的心得。

很多画家都有自己最擅长画的一种物体。齐白石专注于画虾，画出的虾栩栩如生；黄胄专注于画驴，画出的驴活灵活现；徐悲鸿专注于画马，画出的马呼之欲出；李苦禅专注于画鹰，画出的鹰形神兼备。在从事任何工作的时候，都不要朝三暮四，否则最后很有可能是什么都得不到，白白浪费了自己的时间。

孔子说："知之者不如好之者，好之者不如乐之者。"一个人要想在事业上有所成就，一定要对这件事情有很大的兴趣，有很强的专注力。这能让他发现这些事务内部奥妙的关系，发现很多别人看不到的东西。

摆正自己的人生观与价值观，懂得专注的重要性。一个人要想取得成功，就必须要专注于自己想要的东西，对于其他的事情不要过分地分散注意力，因为每个人的精力都是有限的，只有专注于一件事，才能取得最后的成功。

在罗丹的工作室，有着大窗户的简朴的屋子，有完成的雕像，许许多多未完成的，一只胳膊，一只手，有的只是一根手指或者指节。

罗丹换上了粗布工作衫，好像就变成了一个工人。他在一个台架前停住。"这是我的近作，"他说，把湿布揭开，现出一座女正身雕像，用黏土塑成的。"这已完工了。"茨威格想。这时，罗丹退后一步，仔细看着女雕像。在审视片刻之后，他低语着："这肩上线条还是太粗。对不起……"他的手动起来了，他的眼睛闪耀着。"还有这里……还有那里。"他又修改了一下，他走回去。他把台架转过来，含糊地吐着奇异的喉音。时而，他的眼睛高兴得发亮；时而，他的双眉苦恼地蹙着。他捏好小块的黏土，粘在雕像身上，刮开一些。这样过了半个钟头，一个钟头……罗丹没有再向茨威格说过一句话。他忘掉了一切，除了他正在创作的雕像。他专注于他的工作，犹如在创世之初的上帝。最后，带着舒叹，他扔下刮刀，轻轻地用湿布蒙在女正身像上，转身准备走。

在他快走到门口之前，他看见了茨威格。他凝视着，就在那时他才记起，他显然对他的失礼而惊惶，不好意思地说："对不起，先生，我完全把你忘记了，可是你知道……""没关系……"茨威格握着罗丹的手，感谢地紧握着。在罗丹家的那天下午，茨威格学到了世界上最宝贵的东西。从此，他知道一个人该怎样去工作。罗丹的那种全然忘记时间、地方与世界的专注，那种充满激情的专注，给了茨威格巨大的震撼。他感悟到一切伟大的艺术取决于专注与激情。

实践证明，事业的成功者，做事都非常有定力，从不三心二意，甚至专心执着到忘我的境地。牛顿、巴甫洛夫都是如此。

牛顿是英国著名物理学家，他做起科学实验来，专心执着到经常废寝忘食的地步。一次，他请一位客人来吃饭。客人等了好久，也不见他出来，便自己先吃了。那天的饭桌上有只烤鸡，客人吃完了鸡，便把鸡骨头放到了桌子上，悄悄地走了。牛顿工作完后，已经几个钟头过去了，他这才想起请客的事。他急忙来到餐厅，一看，客人走了，桌子上剩了几块鸡骨头，牛顿看着那些鸡骨头，好像明白了，自言自语地说："瞧我真糊涂，本来已经吃过了，我还以为没吃呢！"说完，就又回去工作了。

专心执着者要能耐得住寂寞，耐得住清贫，不为外面"精彩的世界"所诱惑，不为各种名利所驱使，唯有如此，才能真正做到注意力集中，一心一意从事我们所热爱的工作。要知道，同时追两只兔子，将会一无所获。对此，法国著名思想家安德烈·莫洛亚在《生活的艺术》中说道："对什么都有兴趣的人是讨人喜欢。但是干事业，就只能在一定时间内，专心致志于一个目标。"

因为喜欢，所以专注，就可以发现别人看不到的东西，成为专家！华为老员工，当年凭着自己的信念，从国企来到华为，因为喜欢和专注，一干就是十几年，为此充满了自豪感。华为公司本身就是一个专注的代表。从创建到现在华为只做了一件事，专注于通信核心网络技术的研究与开发，始终不为其他机会所诱惑。华为公司敢于将鸡蛋放在一个篮子里，把活下去的希望全部集中到一点上。

第9节　坚持的事只能出自热爱

有一种热爱叫敬业，有一种热爱是对本职工作的爱。成功学大师、美国现代成人教育之父戴尔·卡耐基说："除非喜爱自己所做的事，否则永远也无法成功。"世上的职业有千万种，而我们只能从事一种，不管这份职业被外人认为是高级的还是卑贱的，我们都要首先热爱自己的工作。

任正非表示："强调员工的敬业精神，选拔和培养全心全意、高度投入工作的员工，实行正向激励推动。不忌讳公司所处的不利因素，激发员工拼命努力的热情。知识、管理、奋斗精神是华为创造财富的重要资源。我们在评价干部时，常常用的一句话是：此人肯投入，工作卖力，有培养前途。只有全心全意投入工作的员工，才能造就优良的干部。我们常常把这些人，放到最艰苦的地方、最困难的地方，甚至对公司最不利的地方，让他们快快成熟起来。"

石里梅岩是18世纪日本的一位宗教大师。在他刚刚开始讲学的时候，听众寥寥无几。一天晚上，竟然只来了一个门生听课。这个学生看到这种情形，对石里梅岩说："今晚别无听众，若劳您为我一人讲解，实不敢当，因此，敬请先生今晚歇息。"石里梅岩说："当我开始讲解的时候，希望你只面朝讲台，这样若有一位听众，即满足矣！"于是，他开始了讲解。后来，他的听众渐渐多了起来，最后成为一代宗师。这才是真正的专家，也只有对事业热爱的人，才能如此敬业，最终才能取得很大的成就。

爱因斯坦说过：热爱是最好的教师。假如你非常热爱你的工作，那你的生活就是天堂；假如你非常讨厌你的工作，那你的生活就是地狱。

华为的一位员工表示："我想我们在追求理想的时候，其中最重要的就是'热爱'，只有真正'热爱'你所从事的工作你才能坚持，才能在任何时候想出方法，才能真正不辞辛苦，也在最后才能真正感受到酣畅淋漓的成功。"

自然摄影师尼尔·雷蒂格的一项重要工作就是在南美圭亚那大山里的一棵木棉树上通过取景器观察哈比雄鹰喂食下一代的过程。为了能够观察清楚，他必须找到距离这只鹰足够近的位置，一想到这只鹰随时都可能会扑上前来攻击自己，雷蒂格就情不自禁地哆嗦一下。要知道，这可是世界上最有攻击性的雄鹰，它的双翼张开足有 6 英尺长（约 1.8 米），爪子像熊爪一样锋利，如果雷蒂格没有穿上防弹背心，这只鹰一下子就可以撕开他的胸膛。很多年前，他曾经目睹过一只哈比雄鹰俯冲而下，从树上抓走一只巨大的猴子。

雷蒂格用了几个星期的时间才找到了这只鹰的巢穴，又用了一个星期时间搭建了掩体来放置摄像机。为了爬到搭建掩体的地方，他不得不找到一棵高大的木棉树。这棵树足足有 200 英尺高（约 60.9 米），枝繁叶茂，浓荫蔽日。用弓箭把渔线射上木棉树顶，再用一根粗一点儿的线连到渔线上，然后再把绳子拴到粗一点的线上。

这样他才可以用登山者们所谓的升降器爬上树顶。为了不打扰目标，他最终在与鹰巢同一棵树的另一个树枝上搭建了一个小型摄像机掩体。在接下来的 6 个月里，他每个星期工作 7 天，每天工作 10 个小时潜伏在狭小的掩体中。每天晚上太阳完全落山后，他才会从绳子上爬下来，步行 30 分钟回到自己设在丛林中的帐篷里。第二天破晓，他又会回到掩体里，重复前几天的工作，丛林阴热潮湿，他的衣服从来没有干过，甚至连皮肤都发霉了。他为什么会做这一切？因为他想要拍到小鹰第一次飞行的情景，因为他对摄影的热爱。

华为的一位程序员在华为有着这样的成长感悟："我承认我是一个技术狂热分子，十分痴迷于软件开发工作，希望我开发的软件成为业界翘楚，这是进公司时我的理想。2005 年我刚入职，参加一个新项目，因为做的事情比较新，项目组积累不多，公司那时无法上网查资料，我就买了一堆 201 上网卡，晚上加班回来就拨号，然后将资料搜集了发回公司，那个时候全身心投入到工作，生产效率非常高，3 个月开发了 × × 行代码，且测试发现的问题非常少，那时候加班是欢喜的，因为兴奋都舍不得走。由于我的努力项目很快取得了重大进展，我也在连续两个月考评为 A 之后提前以 A 的成绩转正。虽然过去 6 年了，但我始终觉得那是我最难忘的项目。虽然项目组的同事已分开各处，但是每次我去深圳的时候都会去看他们，大家偶尔也会重复怀念那段岁月，那种感觉非常好。我想我们在追求理想的时候，其中最重要的就是'热爱'，只有真正'热爱'你所从事的工作你才能坚持，才能在任何时候想出方法，才能真正不辞辛苦，也在最后才能真正感受到酣畅淋漓的成功。"[1]

---

①穆鸿 . 一帘幽梦·半城烟雨［J］. 华为人，2012.

　　天下没有无缘无故的成功或失败，只有热爱是永恒的真理。将工作做好的前提就是热爱自己的工作。一个连自己的工作都不热爱的人，又怎能正视工作带给他的积极意义，并且做出超越他人的优异成绩呢？

　　其实人在做自己真正喜欢的事情时，是不需要咬紧牙关苦苦支撑的。那些能让我们坚持做下去的事，全部都只能是出自热爱。

　　如何快乐地工作，一位老华为人给新员工这样的建议：

　　"压力再大，也要尽量营造和谐宽松的工作环境。

　　"工作的乐趣是充实。我保持乐趣的方法就是'不断学习＋随时总结'。我入职 3 个月就被主管安排参加一个攻关项目开发。凭借这个项目，我们的 WCDMA（宽带码分多址接入）才突破欧洲发达国家运营商。攻关组因此获得了金牌团队奖。

　　"为了测试代码的效率，我在 PC 上搭建工程，模拟高负载测试，品尝无数辛酸苦辣。但最后成功的喜悦足以冲淡所有痛苦：晚上 12 点之前，几乎没有回过家；反复补充用例，反复测试每一种组网……那时每天都很充实。

　　"坚持自我学习和记录总结，是保持乐趣的重要方式。我现在仍然坚持每天回家后读书 1 个小时，学习技术、管理、质量的思维方法。

　　"随着入职时间的增长，乐趣会慢慢减少，为什么呢？那是因为目标没有刷新。如果每个阶段都能给自己制定明确的目标，都能以终为始，都能及时总结自己的进步并自我激励，工作的乐趣会一直延续。

　　"做一件事，如果没有总结，只能得到 10% 的成长；如果记录下来，能得到 30% 的成长；思考分析并总结，能得到 60% 的成长；总结并应用于下一次，就能得到 90% 的成长。"

第10节　激情建立在敬业之上

生活不能没有热情，工作不能没有激情，激情是工作的灵魂，是一种精神状态、一种责任感的体现，是创新工作、追求卓越活力和动力的基石。只有对工作充满激情与活力，才能面对困难敢于克服，面对竞争敢于创新，面对落后敢于奋起。

任正非认为，没有激情就没有动力，没有动力就不可能全身心地投入工作，不可能创造性地解决工作中的难题，也就体会不到快乐工作、快乐生活的真谛。没有激情的人，就不会有真正切实的行动，没有激情的人容易志短，迫于生计，很多时候只能随波逐流。缺乏激情，就会把工作当作负担，产生厌倦情绪，办事拖拉、工作效率低下、墨守成规、精神萎靡、不思进取，从而习惯用老的方法应对新任务。这就是为什么在相同的岗位上，有人不断进步，有人却停滞不前。其重要原因就是前者激情四射，后者老气横秋。

企业对员工来讲，是第二个家。人的一辈子工作时间很长，占到生命的1/3。如果对于工作没有激情，那么生命的1/3时间都将在平庸中度过；假如不能快乐地面对工作，那么生命的1/3时间都是活在无可奈何之中。

激情是一种以极高的热情、全身心地投入到一项事业中、追求较高目标时呈现出来的亢奋的精神状态。

莫扎特孩提时，对音乐有着近乎疯狂的痴迷。他每天要做大量的苦工，但是繁重的工作却丝毫没有削减他对音乐的热爱。到了晚上，他就偷偷地去教堂聆听风琴演奏，将他的全部身心都融化在音乐之中。

亨德尔年幼时，家人不准他碰乐器，不让他上学，哪怕是学习一个音符。但这一切都无法阻止他的激情，他在半夜悄悄地跑到秘密的阁楼里弹钢琴。

巴赫年幼时只能在月光下抄写学习的东西，连点一支蜡烛的要求也被蛮横地拒绝了。但这些没有让他的激情泯灭，当那些手抄的资料被没收后，他依然没有灰心丧气。

比尔·盖茨说："每天早晨醒来，一想到所从事的工作和所开发的技术将会给人类生活带来的巨大影响和变化，我就会无比兴奋和激动。"正是由于比尔·盖茨对工作充满激情，付出了超乎寻常的努力，才使得微软不断发展壮大。

《贫民窟的百万富翁》的导演，获得奥斯卡最佳导演奖的丹尼·博伊尔表示："伟大的创造离开了激情是无法做出的。这也正是一切伟大事物激励人心之处。离开了激情，任何人都算不了什么；而有了激情，任何人都不可以小觑。"

朱广平是众多华为人在工作时充满激情的典型。2005 年华为成立战略与 Marketing 部门，华为的领导让朱广平负责搞一个研究"未来网络"的小部门。在旁人看来，老朱是一个工作狂。每次出差，总要尽可能把机票订在晚上，为的是最大限度地利用当天头脑清醒的时间来干活。到了目的地只要活一干完，立马就启程返回深圳。老朱常说："工作是痛苦的，因为工作就是解决各种各样的问题；只有热爱，才会快乐。"但他这么说的时候，脸上总是带着微笑，"我喜欢干活，人总得做点事。"那是从心底绽放的笑容。在老朱看来，有事做、能做事是件幸福的事情，有事做说明自己还有价值，能做事说明身体还不错，沉醉其中，"不成痴，不成活"。

老朱的言行深深影响和感染了全部门的同事。"未来网络"的每个人都感到巨大的压力，同时也是一种前进的动力，全部门上下都萦绕着一种向上的激情和干劲。老朱从不让下属写胶片搞汇报，相反，他经常和下属 PK，鼓励大家与他 PK，还鼓励大家相互 PK。从 2006 年以来，由于老朱和这个小团队不休止地"争吵"，不论是 ALL IP、云计算，还是 Single 战略和 SoftCOM（软通信），每一次他们都帮助华为看准了趋势、发现机会、预见风险、提出建议，使企业的战略和行业的大趋势相匹配，避免出现方向性错误。

2013 年春，朱广平成为华为 Fellow。老朱说："我个人并没有 Fellow 的水平，这是团队共同努力的结果，我只是这个小组的代表，这不是谦虚，是事实。"如果有什么经验值得分享的话，老朱归结为三个要素："一是梦想，我在农村长大，想改变命运，但没见识，不知道外面的世界是啥样的，不害怕，持续地干就干成了。二是系统思维，要形成自己独立的思考和判断。在一个信息化的时代，没有一个人能垄断信息，只有把单一的数据或信息放在系统里看，用系统的思维产生独到的判断才是制胜之道，这就是洞察力。三是敢于否定自己，没有人是永远正确的，凡事都会随着时间的推移发生变化，人不要为了面子而活。只要持之以恒地做工作，总会做出一些成绩来。"[1]

---

①伍翎.Fellow 朱：梦想与未来同行［J］.华为人，2013.

激情是鞭策和鼓励我们奋进向上的不竭动力，只有对工作充满激情，才能使自己对现实中所有的困难和阻碍毫不畏惧。激情，是一种能把全身的每一个细胞都调动起来的力量。在所有伟大成就的取得过程中，激情是最具有活力的因素。

曾经的你可能充满激情、意气风发、富有雄心壮志，想要在工作上有所成就，想要创造一番事业，可是现在每天早晨醒来一想到要去办公室就感到头疼欲裂，勉强拿着公文却看不下去，面对工作毫无兴趣，往日对工作的激情不知道到哪里去了，工作时大脑常常一片空白，这究竟是怎么了，不用怀疑，职业倦怠症已经来袭了。患有职业倦怠症的人群中，有工作 5 年以上的精英，但也不乏刚进入企业的新人。对于前者而言，这种职业倦怠感可能源于低水平的重复工作，而对于新人来说，在入职几个月就出现这种倦怠感，往往是由于对现阶段的职业抱有过高预期造成的。

人的行为背后，都存在着一种动力，心理学称之为动机。动机具有激发、调节、维持行为的功能，它的产生和人的需要、兴趣有密切的联系。当动机消失时，被它所推动的行为就会终止。因此，当人对所从事的工作没有兴趣或缺乏动机却又不得不为之时，就会产生厌倦情绪，身心陷入疲惫状态，工作绩效将会明显降低。长此以往，人将面临职业倦怠的危机。

加拿大著名心理学家克丽丝汀·马斯勒将"职业倦怠症"患者称为"企业睡人"。我国调查显示，70% 的企业人感到"职业倦怠"，公务员和事业单位职工是"职业倦怠症"的高发群体，女性的倦怠程度则明显高于男性。

职业倦怠一般包括以下三方面：

情感衰竭：指没有活力，没有工作热情，感到自己的感情处于极度疲劳的状态。它被称为职业倦怠的核心维度，并具有最明显的症状表现。

去人格化：指刻意在自身和工作对象间保持距离，对工作对象和环境采取冷漠、忽视的态度，对工作敷衍了事，个人发展停滞，行为怪僻，提出调度申请等。

无力感或个人成就感低：指倾向于消极地评价自己，并伴有工作能力体验和成就体验的下降，认为工作不但不能发挥自身才能，而且是枯燥无味的。

找出产生职业倦怠的原因，是减轻或解决倦怠的第一步。导致职业倦怠的因素是多方面的，既有客观的，也有主观的。这些因素大体可以分为企业因素和个体自身因素两大类。企业因素是指产生职业倦怠的客观因素，包括工作任务过重、难度较大、晋升无望、工作前景不好、人际关系紧张、工作环境不利等。个体自身因素指员工因年龄、性别、动机、能力、意志等方面存在个体差异对上述企业因素的感觉和评价有所不同，如成就动机强的员工喜欢承担有挑战性的工作；意志力强的员工更看重难度大、强度大的工作；与男性员工相比，女性员工更容易因工作和家庭的冲突产生职业倦怠。

很多人认为，找到一份能够使自己的能力完全发挥的职业就不会出现倦怠感。所以人们经常会被"新手的好运"迷惑，轻率做出转行的决定。所谓"新手的好运"，是指很多时候，当你刚开始一份新工作的时候，你觉得进步非常快，似乎有很多这方面的天赋，非常适合这份工作，是"天生好手"。然而工作了几个月以后，你遇到各种各样的挫折，你发觉自己成长的速度开始降下来了，你开始变得有些沮丧和焦虑。这时你对自己说："看来这份工作是不适合我的。"于是你辞职进入另外一份工作，然而，历史总是惊人地相似。所以，跳槽并不会改变我们职业倦怠的状态。

如何解决职业倦怠呢？可从马斯洛的需求层次理论上探求"职业倦怠"的原因，进而找到解决办法。马斯洛认为，人的需求包括生理、安全、感情、尊重、自我实现五个层次。

生理需求是人类维持自身生存的最基本要求。安全需求是保障自身安全、摆脱事业和丧失财产威胁、避免职业病的侵袭等需要。感情需求是友爱的需要和归属的需要。尊重的需求是希望自己有稳定的社会地位，要求个人能力和成就得到社会承认，包括自尊、地位、威信、信赖等，体验活着的价值。自我实现是最高层次的需求，是指实现个人理想和抱负，将个人能力发挥到最大程度。马斯洛的需求层次从低到高逐级递升。某一层次的需求满足后，就会向高一层次发展。同一时期，一个人可能有几种需要，但只有一种占支配地位。

职业倦怠其实是其职位对某个需要层次的不能满足。具体表现有六个方面：一是工作负荷的不匹配，如工作过量；二是控制方面的不匹配，表现为个体对工作所需资源没有足够的控制；三是报酬的不匹配，如报酬低，福利少等；四是社交方面的不匹配，如员工和同事没有积极地联系等；五是公平方面的不匹配，如工作量或报酬不匹配，评价和升迁不公平等；六是价值观的不匹配，如员工不认同公司的价值观等。

在解决倦怠的方法上，举一个例子。若是因为工作本身没有太多乐趣可言，而产生了倦怠，在这种情况下可以思考的是，有没有其他的方式可以让你的工作变得有趣些，更富有挑战？举例，有一个出纳，她每天的工作很简单，就是数钱。这本来是一件非常无趣的工作，然而她想出了个办法让这件工作没那么乏味。她的做法很简单——每次数钱的时候打开计时器，测试自己点钱的速度有没有新的突破。不断挑战自己的纪录，让她每天觉得很开心。我相信每个人都可以找到一些方法让自己的工作变得更有趣些。关键是，为你的工作设定一个具有挑战性的目标。

除了在工作内找到乐趣外，我们还可以发展一些生活中的爱好，让自己度过倦怠期。以《明朝那些事儿》的作者当年明月为例。他原本是广东省的一名公务员，但他通过业余时间潜心投入写作，把对历史的爱好倾注其中，终于写出长达 7 卷的畅销书来。工作并非是生活的全部，如果处于倦怠期，不妨从生活的其他维度来补充。

第 **9** 章

如何避免一些
不必要的痛苦

CHAPTER 9

　　每个人都发挥自己的优势，也多看看别人的优点，从而减少自己心里太多的压抑。要正确地估计自己，绝大多数人都会过高估计自己。你的豪言壮语如果偏离了实际，你会浪费很多精力，而不能实现你的理想。

第 1 节　不要做一个完人

人生是非常美好的，但过程确实是痛苦的。

人终将一死，那何必要生呢？人不努力可以天天晒太阳，那何必要努力以后再去度假晒太阳呢？如果从终极目标来讲，觉得什么都是虚无的，可以不努力，那样就会产生悲观的情绪。我们的生命有七八十年，这七八十年中努力和不努力各方面都会不一样的。在产生美的结果的过程中，确实充满痛苦。农夫要耕耘才会有收获；建筑工人不惧日晒雨淋，才会有城市的美好；没有炼钢工人在炉火旁熏烤，就没有你的潇洒美丽，没有你驾驶的汽车，而他们不再需要什么护肤品；海军陆战队员不进行艰苦顽强的训练，一登陆，就会命丧沙滩。少壮不努力，老大徒伤悲，我想各位考上大学，都脱了一层皮吧……所有一切，没有付出，是绝不会有收获的。鲜花的美丽，没有肥料以及精心照料，是不可能的。当然这些都是必要的痛苦，我要讲讲如何避免一些不必要的痛苦。

不要做一个完人，做完人很痛苦的。要充分发挥自己的优点，使自己充满信心去做一个有益于社会的人。

金无足赤，人无完人。完人实际上是很少的，我不希望大家去做一个完人。大家要充分发挥自己的优点，做一个有益于社会的人，这已经很不错了。我们为了修炼做一个完人，抹去了身上许多的棱角，自己的优势往往被压抑了，成了一个被驯服的工具。但外部的压抑并不会使人的本性完全消失，人的内在本性的优势，与外在完人的表现形式，不断地形成内心冲突，使人非常痛苦。我希望把你的优势充分发挥出来，贡献于社会，贡献于集体，贡献于我们的事业。每个人的优势加在一起，就可以形成一个具有"完人"特质的集体。

任正非对自己进行了分析，他大学时代，没有能参加共青团。他是优点很突出，缺点也很突出的人，怎么能通得过呢？任正非在军队这个大熔炉里，尽管非常努力，但也加入不了。华为公司以前有位员工，已经到美国去了，他走的时候跟任正非说，你这个人只能当老板，如果你要打工，没有公司会录用你。

任正非在人生的路上自我感觉是什么呢？就是充分发挥自己的优势。比如说他英文不好，是现在不好，但是不等于说他的外语能力不行，他在大学可是外语课代表，那时还自学了英语、日语，都能简单交流，看书了。但后来为什么不行了呢？20年军旅生涯没使用这个工具，就生疏了。当任正非走向新的事业的时候，虽然语言对他很有用处，但他发现他身上最主要的优势是对逻辑及方向的理解，这些远远重要于对语言的修炼。如果用很多精力去练语言，可能对逻辑的理解就弱化了。任正非放弃对语言的努力，集中发挥他的优势，这个选择是正确的。对于任正非来说，虽然英文好，可能会让他在人们面前风光，但是他对社会价值的贡献就完全不一样了。

正因为任正非放弃一些东西，集中精力充分发挥了自己的优点，因此成就了华为。

在人生的路上，任正非希望华为人不要努力去做完人。一个人把自己一生的主要精力用于去改造缺点，等你改造完了对人类有什么贡献呢？我们所有的辛苦努力，不能对客户产生价值，是不行的。从这个角度来说，希望大家能够重视自己优点的发挥。当然不是说不必去改造缺点。为什么要讲这句话呢，完人的心理负荷太重了，大多数忧郁症的患者，包括精神病患者，他们中的大多数人在社会中是非常优秀的人，他们绝不是一般人，一般人得不了这个病，就是因为太优秀了，定的目标太高，以至于目标实现不了，心理就产生了压力。我不是说你不可以做出伟大的业绩来，我认为最主要的是要发挥自己的优势，实现比较现实的目标。这样心理的压力才不会太大，才能增强自己的信心。

法国有一个贫困潦倒的年轻人，流浪到巴黎，找到父亲的好友，期望他能为自己找一个谋生的差事。父亲的好友问他有什么专长，比如说会数学、物理、历史、会计什么的。年轻人窘迫地低下头，羞愧地说："自己似乎一无所长。"父亲的好友想了想说："那你先写下你的地址，我总得给你找个活做啊。"年轻人不好意思把自己的住址写下，刚想转身离去，却被父亲的朋友一把拉住说："年轻人，你怎么说你没有特长呢，你的名字写得多好啊……""能写好自己的名字也叫特长？"年轻人不解地转过身疑惑地看着父亲的好友。"当然，字反映了一个人的文化修养，一个人的内涵……"父亲的好友意味深长地说："人要有自信心，找工作之前，首先要找到自己的特长，并要把自己的特长发挥到极致……"听了父亲好友的一席话，年轻人使劲地点点头，后来他结合自己的特长找了一所中学教授法文，度过了一段艰苦的岁月。也就是从那时开始，这位年轻人认识到了自己在文学方面的天赋和特长，并开始发挥这个特长，他就是后来写出享誉世界经典文学巨著的大仲马。

丹麦某医药跨国公司进驻中国的时候，北京某区域当时的地产非常便宜。有中国员工建议公司可以投资地产，并预言某个位置以后肯定会抢手。第二天，老板召集全体员工开会，向员工陈述公司发展的历程，并强调"专注"于自己擅长的领域才能获得成功。公司曾经面对很多的诱惑，但从来没有偏离自己的方向。后来员工建议投资的某区域地产果然很抢手，但该公司却已发展成为本领域占世界市场份额一半以上的主导公司。

该公司的成功在于它能认识到自己的长处，并且懂得经营自己的长处。

很多时候，我们看一个人的价值，会将这个人的缺点与优势的个数相加减，如果我们用缺点去减擅长点，结果得出这个人的价值为负值。殊不知，一个人最大的长处在数量上可能只有一个，但其产生的价值效益却可以大得无可估量。管理学家彼得·德鲁克有一句名言："人的长处，才是一种真正的机会。"

所以说，发挥自己的长处，比起补齐短板，将长板做长显得更为重要。多数人都以为他们知道自己擅长什么。其实不然，更多的情况是，人们只知道自己不擅长什么——即便是在这一点上，人们也往往认识不清。然而，一个人要有所作为，只能靠发挥自己的长处，而如果从事自己不太擅长的工作是无法取得成就的，更不用说那些自己根本干不了的事情了。

如何发现自己的长处，彼得·德鲁克给了我们一些建议："去关注的是自己的绩效和自己的成果，并努力从中找到一种模式。去问问：哪些事情别人做起来相当费力，而我做起来却轻而易举。"

彼得·德鲁克也提供了另一种更具有可操作性的工具——反馈分析法。德鲁克是一个反对绝对主义的人，但是，他依然有点绝对地说："我们只有一种办法了解我们的长处，即反馈分析法。"

方法很简单。"利用反馈分析法来明确自己的长处。把你的每个关键决定、关键行动和期望的结果都写下来。在 9-12 个月后，把实际的结果和预期比较一下。如此这般进行了一段时间之后，你就可以通过分析发现自己的长处。"

这个世界上我们能做的事情很多，但是适合自己的事情却并不多。找到适合自己的才能充分发挥自己的能力，只有这样我们才能更接近成功。

第2节　不必面面俱到地去努力

现实生活中能把某一项业务精通是十分难的。您想提高效益、待遇，只有把精力集中在一个有限的工作面上，不然就很难熟能生巧。您什么都想会、什么都想做，就意味着什么都不精通，做任何一件事对您都是一个学习和提高的机会，都不是多余的，努力钻进去，兴趣自然在。我们要造就一批业精于勤、行成于思，有真正动手能力和管理能力的干部。机遇偏爱踏踏实实的工作者。

从做代理商那天起，任正非就希望做出自己的产品，这种渴望成为华为涉足自有技术开发的原动力。任正非一开始就给华为定下了明确目标：紧跟世界先进技术，立足于自己的科研开发，目标是占领中国市场，开拓海外市场，与国外同行抗衡。"研发成功，我们都有发展；如果研发失败，我只有从楼上跳出去。"任正非最初的选择充满了悲壮色彩。接下来一年时间里，华为将全部"家当"投入研发。华为北京研究所路由产品线总监吴钦明在接受《商务周刊》采访时说道："华为选择技术生存，意味着华为把所有资源投入到一个箩筐中，不会留给自己太多的退路。"

　　志存高远的华为义无反顾地把代理所获的微薄利润，点点滴滴都放到小型交换机的自主研发上，从局部突破，逐渐取得技术的领先，继而带来利润；新的利润再次投入到技术研发中，周而复始，心无旁骛，为今后华为的品牌战略奠定了坚实的技术基础。

　　任正非表示："我们把代理销售取得的点滴利润几乎全部集中到研究小型交换机上，利用压强原则，形成局部的突破，逐渐取得技术的领先和利润空间的扩大。"

　　20 世纪 90 年代初，在资金、技术等各方面都匮乏的条件下，华为咬牙把鸡蛋放在一个篮子里，依靠集体奋斗，群策群力，日夜攻关。为了将有限的资源集中到产品研发，绝大部分干部、员工常年租住在深圳关外的农民房里，拿着很微薄的工资，还经常把收入又重新投入到公司，用来购买原材料、实验测试用的示波器等等。

　　即使如此，华为北京研究所从 1995 年成立到 1997 年前，一直处于漫长的积累期，期间没有什么重大的研究成果。但是，任正非一直给予大力支持，投入巨大。每年投入 8000 万元乃至上亿元的资金用于技术开发，不惜冒"将全部鸡蛋装在一个篮子里"的风险，将所有的人力、财力、物力投入到通信这个技术密集、资金密集的产业中去。现在，华为一直坚持把每年收入的 10% 投入到研发中去，尽管如此，华为还是难以在企业网络的全线产品全面出击。于是，华为选择了"逐个击破"的原则，也就是华为所说的"压强原则"。

　　任正非表示："以超过主要竞争对手的强度配置资源，要么不做，要做就极大地集中人力、物力和财力，实现重点突破。

　　"华为知道自己的实力不足，不是全方位地追赶，而是紧紧围绕核心网络技术的进步，投注全部力量。又紧紧抓住核心网络中软件与硬件的关键中的关键，形成自己的核心技术。在开放合作的基础上，不断强化自己在核心领域的领先能力。"

事实证明，整个策略非常有效。1994 年，华为终于拿出了自己研制的第一台通信设备——C&C08，此设备是可以应用于国家高层网络的万门机。很快，华为获得第一批订单——江苏省邳州约 4000 门的程控电话系统。在随后的北京通信展览会上，华为凭借 C&C08 将国内同类厂商远远地抛在身后。

作为国内通信网的核心设备，C&C08 交换机在网络的各个层面获得应用，广泛应用于国际局、长途局、汇接局、关口局、市话端局、专网和商业网等。华为 C&C08 交换机为全球通信网建设做出了卓越贡献。至今，C&C08 依然对华为有重大的市场贡献。

在技术条件有限的情况下，更多的国内厂商宁愿选择跨越较低的技术门槛。这样做市场进入成本低、收益快。照此推理，华为开发万门交换机为远期性市场做准备，而在短时间内可能失去与巨龙等公司的竞争能力。然而，对于华为来说，万门交换机意味着远近兼收。此后，华为在技术研发上始终保持着优势。自此，华为摆脱了其他上百家国内小型电信设备商的纠缠，走上高速发展的道路。

1999 年，华为 Quidway A8010 接入服务器获得成功，2000 年、2001 年两年时间，华为 Quidway 路由器在高、中、低端市场全面确立领先地位。接入服务器和路由器的成功不仅给了华为充分的信心，也给华为赢得了品牌、渠道等各方面的资本。那时候，任正非自信地说："10 年之后，世界通信行业三分天下，华为将占一份。"

华为之所以能竞争过国内的同业者，是因为华为总是集中优势资源突破一两个产品，而一些被华为超越的对手由于按项目核算，部门之间互不往来，资源分散了，很难在某些产品上突破。

到今天，华为已经跻身世界少数几家能够提供 CAC08-STP 数字程控交换机设备的巨头行列。

在华为国际化扩张之前，华为与国内竞争对手的差距还不是很大，基本上处于一个量级。而进入 2000 年之后，随着华为在国际市场全面突破，差距迅速拉大。

第3节　正确地估计自己

马克·吐温 50 岁的时候，名气很大了，他所写的书有不少都成了畅销书。出版商看准这一行情，争相出版他的作品，因此而发财的大有人在。看着自己作品的出版收入大部分落入出版商的腰包，而自己只能拿到其中的 1/10，马克·吐温颇有感触。他决心当个出版商，自己出版自己的作品。可是，马克·吐温没有任何建立和管理一家出版公司的经验，就连起码的财务知识都不懂。他只好请来 30 岁的外甥韦伯斯特当公司的经理。

马克·吐温自己出版的第一本书是他的小说《哈克贝利·费恩历险记》。这本书以深刻的思想和新颖的文笔，受到广大读者的欢迎。它一出版，销路就很好。马克·吐温出版的第二本书是他的《格兰特将军回忆录》，该书的主人公格兰特是美国南北战争中的北方总司令，曾继林肯之后连任两届美国总统，是美国人心目中的伟人。由于美国人对这位前总统的命运十分关心，所以这本书成了畅销书，获利 64 万美元。

马克·吐温把这笔收入中的 42 万美元赠给这位前总统的遗孀，18万美元分给出版公司，自己留 4 万美元。马克·吐温被这两次胜利搞得昏昏然，他继续扩大出版业务。但他万万没有料到，韦伯斯特却在此时卷起铺盖一走了之。出版公司勉强维持了 10 年，最后在 1894 年的经济危机中彻底坍塌。马克·吐温为此背上 9.4 万美元的债务，他的债权人竟有 96 个之多。马克·吐温最终在经商活动中彻底失败。

马克·吐温非常擅长写作，也很适合写作，他的书几乎都是畅销书。所以写作为他带来成就感，也带来很不错的经济收益。但是，做出版商就未必适合他。虽然别人利用他的作品赚了大钱，但那是别人拥有很好的经商头脑，换句话来说，这钱就应该是别人去赚，马克·吐温还是安稳地做一个作家最好。

所以说，每个人都是不一样的，有的人适合科学研究，有的人适合人际交往，有的人更适合创意思考。世界第一的潜能开发专家安东尼·罗宾就说："每个人身上都蕴藏着一份特殊的才能。那份才能犹如一位成熟的巨人，等待我们去唤醒他……当我们将他唤醒的时候，我们就可以借这个能力去改变自己的命运，实现自己的梦想。"

要正确估计自己，任正非在其文章中这样写道：

> 每个人都发挥自己的优势，也多看看别人的优点，从而减少自己心里太多的压抑。要正确地估计自己，绝大多数人都会过高估计自己。你的豪言壮语如果偏离了实际，你会浪费很多精力，而不能实现你的理想。

有一首歌叫《铃儿响叮当》，这首歌现在已经成为西方圣诞节里不可缺少的歌，其作者是约翰·皮尔彭特。他的一生从来就是过高地估计自己，他设计的人生目标最后全都失败了。直到 87 岁，那天出去参加人家的圣诞平安夜晚会，在途中，赶着雪橇车的时候，随意哼唱出这首歌，结果这首歌就成了脍炙人口的世界名曲。你看看，过去的失败，就因为他没有正确对待自己，没有正确对待自己的人生，他浪费了 80 多年不应该浪费的光阴。

大家要正确估计自己，然后作出对自己的正确判断，这样才能够充分发挥自己的作用。同时，要认识这个社会上差距是客观存在的。没有水位差，就不会有水的流动；没有温度差，风就不能流动；就算是机器人，也还有温差，对吧？人和人的差距是永远存在的。同一个父母生下的小孩，也是有差距的，更何况你们不同父母。当自己的同学、同事进步了，产生了差距，就应该判别自己是否已经发挥了自己的优势，若已经发挥了，就不要去攀比，若没有发挥好，就发挥出来。

想知道自己适合做什么，首先要问自己 5 个问题：

（1）我要去哪里？

（2）我在哪里？

（3）我有什么？

（4）我的差距在哪里？

（5）我要怎么做？

以上看似简单的 5 个问题，实际上涵盖了目标、定位、条件、距离、计划等诸多方面，只要在以上几个关键点上加以细化和精心设计，把自身因素和社会条件做到最大程度的契合，对实施过程加以控制，并能够在现实生活中趋利避害，使职业生涯规划更具有实际意义。

如果说上述内容过于抽象的话，那么，具体的方法在哪里呢？我们怎么知道自己适合做什么工作呢？答案是：既需要了解你自己又需要了解社会范围内的职业。了解自己的目的是保证自己能够持续地发展，避免过高或者过低估价自己。你必须先对自己有全面的认识，一定得知道自己能做哪方面的工作，不适合做哪方面的工作。要想了解自己，请你先检视一下个人特质：

（1）欲望。在当下的人生阶段，你究竟想要什么？

（2）能力。你擅长什么？一般而言指你拥有什么样的技能。

（3）性格特质。你是什么类型的人？在何种情况下会有最佳表现？

（4）资产。资产包括有形资产、无形资产。与别人相比，你有什么占优势的地方？

如果你能通过自我探索回答出来这 4 个问题，那么你就算是初步了解自己了。

发现自己的长处后，又该如何行动呢？德鲁克给出了三条建议和一个原则：

第一，发挥自己的长处。把注意力集中到自己的长处上，把自己放在能充分发挥自己长处的岗位上。

第二，要努力强化自己的长处。通过分析，你可以很快地清楚自己需要提高哪些方面的技能，以及获得哪些新的技能。通过分析，你还能知道自己缺乏哪些知识，以及其中哪些知识是可以弥补的。数学家是天生的，但是每个人都能学会三角学。

第三，了解自己哪些方面会自作聪明，显得无知，然后克服这种情绪。股神巴菲特的黄金搭档查理·芒格曾经说过："你所要做的，就是找到自己的能力范围，然后专注于这些领域。如果你拥有了能力，就应该知道自己的界限，如果你不知道自己的能力界限，那你就根本没有拥有能力。"

第四，发挥长处，最重要的原则就是将优势与机会进行匹配。这是我们必须做好的事情。不要分散自己的资源，对自我管理而言最重要的资源就是时间，要把自己的时间用在长处上，不要用在弥补短处上。

德鲁克提醒人们，尽量少把精力浪费在那些不能胜任的领域上，因为从无能到平庸要比从一流到卓越需要人们付出多得多的努力。

第 4 节　人生一定要有自我满足感

人生一定要有一个自我的满足感。你要和社会去比，和自己的纵向比，和你爸爸、妈妈比，和你爷爷比。你爷爷那个时候可能一个月只有四五十块钱的工资，到你爸爸、妈妈那时候一个月可能就有四五百块工资了，到了你这个时候有四五千块工资，实际上你已经有很大进步了，对吧？你需要更大的进步，你就需要更大的努力，所以不存在新老员工之差。

新老员工在薪酬体系上是处于同一个轨道的，在公司创业初期，公司需要大量的资金投入，老员工就把自己的工资拿出来了，换成了公司给他的一张纸，这张纸就是告诉他，红军长征胜利回来以后，我挖过你的红薯，你拿这张纸事后可以领大洋，华为一旦崩溃了，他们就将一无所有，那张纸就变成了废纸。你选择了华为，你就选择了艰苦奋斗，因为我们这种没有背景的公司，活下去的唯一可能就是要比别人多努力一点，不然它不可能活下去。人要有进取心，要努力，要做出贡献，但是也要有满足感，自己的力量发挥到最大，就应对人生无愧无悔。

华为 Fellow 孙立新在华为上海研究所 2013 年新员工大会演讲时这样说道："华为也很简单，人与人之间的关系相对很简单。可能在座之中，会发出不认同的声音，会问每次在绩效评价时，应该就不会像说的那么简单了。我想说的是，参与绩效评价的 PL（项目组长），至少在我看到的范围内，都是相对公平的，起码都是聚焦贡献输出本身的评价。同时我们所说的不简单实际是相对的，相信在某些场景下，人与人之间肯定存在着不简单，完全没有杂念的人际关系是不存在的。这不仅是中国的特色，在全球都是一样的情况。

"2005 年，因为业务需要，公司在某个国外大城市招聘了 5 名外籍专家，当时我们也派了员工与专家一起工作。员工回来跟我们叙述：5 个专家，分成三派。我当时开玩笑，就算在中国，5 个人最多也就分两派。可见，有人的地方，就会存在着人际关系一说，这也是全球性问题。

"另外，再举个例子：记得去年（2012 年）与运营商代表一起参加会议，大冷天，与会的代表全部都站在酒店外迎接领导的到来。这种情况在华为是没有的，老板去哪个研究所、代表处，下了飞机都是自行打车，绝不允许有人来接。

"在我看来，这些在华为是不可能有的事情，甚至会觉得不可理解，但在一些公司和单位却很平常。所以说，很多事都要去比较，不比较你会觉得很复杂，要多去经历，只有你亲身经历了很多事，才能感受华为的简单。"

公司有的员工，心里面常常愤愤不平，觉得委屈他啦！

其实我们公司很简单，一个新员工进入这个公司，他们前半年先培训，后面一年左右主要是熟悉工作，他们真正产生贡献是在两年后，但是他们和老员工对比，觉得愤愤不平，说老员工有股票。大家也要想一想，红军从爬雪山过草地，到了北京，这过程经历了 14 年，他们从少年变成青年，到北京就当了部长，这个差异是客观存在。

战火纷飞的时候，别人攻上山头，给他一个英雄称号或者给他一个连长职务，然后也有人愤愤不平：我不就是没冲上这个山头吗？那不就是你没有过雪山草地，不就是你没有冲上山头吗？就是说，在这个创业风险时期，你没有出现，当时公司处在风险时期，他们将工资奖金全部家当都投入到公司了，你那时还没有进入这个公司，所以你没有分享到那时的一份风险与一份幸福。

华为的一位老员工曾这样说起自己的公平观：

"有些新员工想得最多的是待遇，同样的工作，甚至还要大的工作量，同是本科毕业，为什么别人所得比我的多？不知道这些人是不是更深入一点想过：如果我做这件事，花了多长时间？有没有提高效率的方法？一个问题，我能否一次性解决，节约成本？有没有想过自己在这方面跟别人的差距？如果产品线，只有一个涨工资的名额，会不会是我？为什么是 / 不是我？我有什么优势？还有什么差距？

"退一步说，如果我今天辞职，在这个城市里，我是不是能找一个同等待遇、有良好氛围、能对我的人生有很大帮助的企业？公平是相对的，我们先把工作做好了，再去想其他的吧。当我们做出业绩时，公司自然会回报我们，况且，公司不会让雷锋吃亏。"

不要动不动都跟周围的人比工资高低，奖金多少，埋头学习干活，3年后再对比也不迟。

记终端公司站店业务促销实践

2012 年 5 月，终端公司 EMT（经营管理团队）成员率先在深圳华强北站店实践，并对终端管理者提出站店要求。经过一个月多的"试水"，终端"万人站店"实践于 2012 年 7 月全面铺开。截至 12 月底，终端管理者、关键岗位员工、销售、新员工、集团志愿者等共计 1300 余人参与了站店实践。2013 年，终端将有 3000 多名员工参与站店。在走向最终消费者的道路上探索前行，理解和践行以消费者为中心的终端文化，你，准备好了吗？

站店，远远不只是卖手机

2012 年 6 月，"万人站店"前期试点活动在深圳地区如期开展，100 名终端员工率先体验了一把促销员的艰辛。

作为第一批站店的销售类新员工代表，阿凯和他的伙伴们戏称自己为"小白鼠"："以这样的方式来认识公司和我们今后的工作，我们觉得非常幸运。"第一批站店的新员工当中，有稚气尚未褪去的应届生，有在手机行业工作了6年的"行家"，有才气外溢的手机玩家，也有来自名校的海归高才生。"你们为什么选择华为终端？"对这个问题，他们的回答出奇地一致：手机行业大有可为，而华为能够提供这样的发展土壤。

与在职员工不同，公司给新员工们安排一周的站店时间，让他们能更加全面地了解店面运作。阿凯和另外3位新员工被分配到几家代理商在华强北的店面，经过几天的站店，他们很快看到一些问题："我们的手机柜台太不显眼，机模的摆放也不讲究，在那些漂亮的女性手机和大品牌面前，简直都土得掉渣了……""我们的促销活动不给力，促销礼品也完全吸引不了消费者！""我们公司的决策流程太长了，申请个样机礼品都要好几天，客户哪里还等得？"

作为"万人站店"项目的主要策划者之一，陈宇没有想到，首次站店反馈回来的信息会有这么多。他不断感慨："站店，远远不只是卖手机！"

台上一分钟，台下十年功

缺货，是"站友"们普遍提到的问题。一些热门畅销机型供货不足，而有些机型却库存积压，很多"站友"在两天时间里竟没有见到一部真机……一次次告急，就像石头一样，在本来就不平静的水面上激起了更大的波澜。余承东在微博中也用"触目惊心"来形容缺货问题。终端零售部门抓住站店反馈的 TOP 问题，迅速落实改进，渐渐地，后期站店的同事很少遇到缺货的情况了。

"你们可以更进一步，如果能够推进每个问题的闭环，就真是功不可没。"站店项目责任人之一、终端公司人力资源部长童国栋这样鼓励项目组成员。

摆在终端面前的，还有更多挑战。从店面设置、柜台位置、外观设计、机模和真机的摆放、广告设计、促销策略、品牌推广，到产品设计、营销节奏、铺货渠道、最后各环节的利益分配……真是一门系统化的大学问。"这里的水很深！"一位站店归来的终端研发主管这样感叹道，"我们在很多地方都不如人家。这表面的繁荣，要靠背后强大的系统能力支撑。终端要成功，真的是'台上一分钟，台下十年功'。"

向消费者文化转型，就是行为观念的转变

在站店过程中，大家听到最多的评价是："我们的产品外观设计太丑了！""广告太土了，砸钱不说，效果也一般。""我们有没有想过消费者在想什么？"随着站店、办公氛围改造、创新协会等一系列主题活动的开展，"消费者文化"这个课题也在终端员工中发酵起来。终端公司的消费者文化意味着什么？

"人的观念很难改变，但是，行为的发生就是转变观念的

第一步。'站店'发生了，就是向消费者文化转型的开始。"当被问到站店实践带来的最大触动是什么时，项目副组长陈宇说："看到那么多勇于发现问题和改进问题的终端员工，我感觉消费者文化正在深入人心。站店将成为一种机制固化下来。除了站店，我们还有站产线、站服务，围绕消费者的全流程，让每一名终端员工去体验、了解，真正学会以消费者为中心。"

公司领导在终端三亚战略会议上有一段批示："华为终端产业竞争力的起点和终点，都是源自最终消费者。"

（本文选自《华为·终端人——记2012年终端公司站店业务促销实践》，作者：终端公司 杨慧琳）

第 **10** 章

新员工职场大忌

CHAPTER 10

　　经常看到一些员工给公司写的大规划，我把它扔到垃圾桶里去了，而那些在自己的管理岗位上本身进步了，改进了自己的工作的员工，他们提的建议和批评我倒是很愿意听的。

——任正非

第 1 节 不要"指点江山，激扬文字"

什么样的员工在华为才能得到最好发展？任正非的回答是：

不讲话，老老实实干活的员工肯定能有最好的发展。埋头苦干、做好具体工作的员工进步得最快。

中研有很多员工就是不说话，他们的发展前景就是不发言，老老实实干下去吗？

我是指不要哗众取宠，也不要构想脱离公司实际的问题。这个不讲话是就此而言的。积极的思维，勇敢的创新，不怕失败与挫折，坦诚地相互沟通，真心地互相帮助，你肯定进步快。我讲过员工多一点打工意识，少一点主人翁心态，是少一点，而不是一点不讲。如果员工一进公司，到处指点问题，而忘了自己本职工作最重要，最后会被辞退。既然是主人，为什么会被辞退，所以你是处在打工地位。真正的主人是你母亲，她什么都管，尽管她自己的事没干好，你不会辞退她，这才是真正的主人。我讲的核心是，员工要受约束。我们可以做主人，但要先把本职工作做好，否则主人也做不了。踏踏实实的员工不一定是无能员工。我不是要求大家不说话，而应该集中精力关注本职。

做好本职工作

经常看到一些员工给公司写的大规划，我把它扔到垃圾桶里去了，而那些在自己的管理岗位上本身进步了，改进了自己的工作的员工，他们提的建议和批评我倒是很愿意听的。把生命注入管理中去，不是要你去研究如何赶上IBM，而是研究你那个管理环节如何是全世界最优的，要赶上IBM不是你的事情，所以要面对现实，踏踏实实地进行管理的改进，这样公司才会有希望。现在公司说空话的人比干实事的人还是多，干部的幼稚比干部的成熟还是要多。要把生命理解成一种灵魂和精神，要将这种灵魂和精神注入管理中。没有这种精神的干部要下岗。

任正非如是说。

《华为公司基本法》中规定了华为员工的义务是这样的：我们鼓励员工对公司目标与本职工作的主人翁意识与行为。

每个员工主要通过干好本职工作为公司目标作贡献。员工应努力扩大职务视野，深入领会公司目标对自己的要求，养成为他人作贡献的思维方式，提高协作水平与技巧。另一方面，员工应遵守职责间的制约关系，避免越俎代庖，有节制地暴露因职责不清所掩盖的管理漏洞与问题。

不管哪类员工，到了公司头几年都要从小事做起，很多工作需要经验积累。一心想做大事的员工，也许摔得更厉害，还是踏踏实实从本职工作做起。如果小事管不好，本职工作管不好，何以管企业。

任正非表示：

在没有深刻认识事物的时候不乱发言，不哗众取宠的员工是我们事业的希望。每一个员工都要立足本职，有所作为。那些一心想做大事而本职工作做不好的员工要下岗。

华为董事长孙亚芳在回答新员工提问时曾这样说过："大家加入华为公司都是华为人，我们一视同仁。新员工成长普遍问题就是志向比较大，踌躇满志。任总常说你们胸怀祖国，放眼世界，不仅要胸怀 960 万平方公里的土地，肚子不疼，还要吞下五大洲四大洋的水，肚不胀。在企业我们要求员工从基层、从小事做起，建议你做个平常人，志向调低，踏踏实实做好本职工作，你的成长就会快。公司拒绝浮躁，志向太大的人，可能要受挫折。"

任正非表示：

希望你们踏踏实实做好本职工作，加强自身建设。万里长城虽然很伟大，但万里长城也是一砖一瓦建成的。今天我们看到卖旅游门票时很兴奋，但是你没有想到几千年前人们修万里长城时的含辛茹苦和血泪。今天我们也在创造一个新的万里长城，因此在合作建设的这个年代里不要去考虑伟大。

大建议、只鼓励

我们不要忌讳我们的病灶,要敢于改革一切不适应及时、准确、优质、低成本实现端到端服务的东西。公司的运作虽然这些年已从粗放的运作,有了较大的进步,但面对未来市场发展趋缓,要更多地从管理进步中要效益。我们从来就不主张较大幅度的变革,而主张不断地改良,我们现在仍然要耐得住性子,谋定而后动。

2009 年 4 月 24 日,任正非在华为运作与交付体系奋斗表彰大会上如是说。

对于企业中存在的一些问题,任正非不主张较大幅度的变革,而是主张以改良来面对企业中存在的问题。

说到底,还是为了生存。作为掌舵人,任正非追求的是华为的稳健进步。生存是硬道理,大刀阔斧的革命可能会导致华为死亡。这种相对"保守"的做法对于正在转型的企业来说是必需的,也是必要的。

改良的重要手段就是任正非一直倡导的"小改进、大奖励,大建议、只鼓励"的制度。其目的就是"追求管理不断的优化与改良,构筑与推动全面最佳化的有引导的自发的群众运动"。

公司实行小改进、大奖励,大建议、只鼓励的制度。能提大建议的人已不是一般的员工了,也不用奖励,一般员工提大建议,我们不提倡,因为每个员工要做好本职工作。大的经营决策要有阶段的稳定性,不能每个阶段大家都不停地提意见。我们鼓励员工做小改进，将每个缺憾都弥补起来，公司也就有了进步。所以我们提出小改进、大奖励的制度，就是提倡大家做实。

任正非提倡华为员工一定要从小处着手，一点点地进步，把小事情做好，而不是只关注大问题、大方向。

"小改进、大奖励"，即员工不断地归纳、综合分析，一点点地改进工作，一旦工作有一点点小改进，就会得到奖励。

要坚持"小改进、大奖励"，为什么？它会提高你的本领，提高你的能力，提高你的管理技巧，你一辈子都会受益。小改进、大奖励，但重要的是"小改进"，大家不要太关注大奖励。我们现在要推行任职资格考评体系，因此你的每一次"小改进"，都是向任职资格逼近了一大步，对你一生是大奖励，让你受用一辈子，它将给你永恒的前进动力。我们坚持"小改进"，就能使我们身边的工作不断地优化、规范化、合理化。

在《华为的冬天》一文中，任正非将"小改进、大奖励"归入了他提出的"2001 年管理十大要点"之中。

我们要坚持"小改进、大奖励"。"小改进、大奖励"是我们长期坚持不懈的改良方针。应在小改进的基础上，不断归纳，综合分析。研究其与公司总体目标流程的符合，与周边流程的和谐，要简化、优化、再固化。这个流程是否先进，要以贡献率的提高来评价。

与此同时，任正非提醒华为人，"小改进、大奖励"并不是盲目进行的，明确方向是非常重要的。

在小改进过程中要不断瞄准提高企业核心竞争力这个大方向。

如果不以核心竞争力的提升为总目标，那么"小改进"就会误入歧途。任正非举了个例子："比如说，我们现在要到北京去，我们可以从成都过去，也可以从上海过去，但是最短的行程应该是从武汉过去。如果我们不强调提升公司核心竞争力是永恒发展方向，我们的'小改进'改来改去，只顾自己改，就可能对周边没有产生积极的作用，改了半天，公司的整个核心竞争力并没有提升。那就是说，我们的'小改进'实际上是陷入了一场无明确大目标的游戏，而不是一个真正增创客户价值的活动。因此，在小改进过程中要不断瞄准提高企业核心竞争力这个大方向。'小改进、大奖励'将是我们华为公司在很长时间里要坚持的一个政策。"

华为董事长孙亚芳表示："社招生在技能上比应届生好，又多了一些人生经验，一般比应届生成长快，但认同企业文化，比一张白纸的应届生要难一些。因此，各自要发挥优势，克服弱点。"

第 2 节　不要争虚名

哈里是一名长跑冠军，他极其注意自己在公众心目中的形象，生怕自己失去公众的拥戴。哈里得了胃病以后，他既不去医院检查治疗，也不告诉任何人，对自己生病的事讳莫如深，担心别人知道后，影响自己的形象。后来有一天，哈里终于挺不住了，被家人送到医院急诊室抢救。结果哈里因为耽误了最佳治疗时间，而含恨离开了他恋恋不舍的世界。医生说哈里不是死于疾病，而是死于名誉，被虚名累死。

任正非曾明确表示，华为不是培养院士的地方。有员工提出疑问，"华为不是培养院士的地方，那华为如何把握先进技术，我们岂不是跟着业界巨头走？"任正非的回答是这样的：

青年人不要把名誉看得太重，如果院士代表未来、方向，那我们招几个院士进公司就可以发展了，何苦这么辛苦管理。我们不号召员工争取虚名，不为虚名所累，就是不必去争取院士的桂冠，只要产品做好了就行。国家设立的院士主要在基础研究上有重大贡献，能为国家重大政策参谋的。我们公司追求的是真真实实的商业成就。我们是一个没有英雄的公司，中国为什么英雄辈出，是因为国家数百年来苦难深重，因此有禁烟英雄、抗日英雄等。北欧国家没有英雄，因为没有人侵害他们，国家建设也很规范。

俗话说，乱世出英雄，世道不乱，英雄难以显现。华为经历了不规范到规范的过程，救火英雄逐渐销声匿迹。计划、流程制度在向国际化接轨，华为的组织结构，跨部门业务流程与国际化相比，还存在一定差距，华为需改进流程和目标合理性、科学性，建立完善的规范制度，使每个岗位部门严格按流程办事，达到效益最大化。有序的工作，科学的管理是华为事业成功的保证。在合理的流程的前提下要求每个岗位努力做好自己的事。计划性、前瞻性、预防性、监控性制度的推行，给每个员工实现"英雄"愿望的机会少了。

因此，有些员工觉得工作没有成就感，找不到努力的方向。

有位员工向任正非提问："我觉得我们部门定位非常不准，市场所有的发货都由我们来承担，市场的退货以及中研中试下达的大量的更改都是由我们来完成。说得很好，我们是要负责验证工作，但至今为止都没有开展起来。如果让试制工程师只是做发货和简单的更改的话，对谁来说都觉得很没有成就感。那么我们该向哪些方面努力？"

任正非的回答是：

人的一生要耐得住寂寞，每一个伟大的科学家，他在成功之前都是非常寂寞的，你们老是看到他的光辉，我就老看到他的寂寞，所以我们对人生的认识是完全不同的。你如果觉得这件事不光辉，换个光辉的事情做做，你可以到市场部签合同呀！太具体了，太刺激了。不过发给你的货都是试制中心干得不好的产品，刺激过后，是哭笑不得。

我认为你那里有巨大的空间，刚才你自己说的，很多工作都没有开展起来很混乱，其实乱中就出英雄，你那儿混乱就有英雄用武之地，你那里会有许多机会可以让你站起来，你能不能去把这个规律理清楚？能不能做出一个数学模型来解决这个发货流程中的问题？做事的流程非常快，效率提高很多倍，你的成就感不就出来了吗？

不要追求青史留名，没有意义。你那个岗位是可以出英雄的地方，刚好老虎那么多，你都看不见，非要到景阳冈去打虎。

［1］王育琨.任正非：华为最基本使命就是活下去［J］.中国慈善家，2015.

［2］吴天朋，邹芸.一起成长的快乐［J］.华为人，2010.

［3］田涛，吴春波.下一个倒下的会不会是华为：故事、哲学与华为的兴衰逻辑［M］.北京：中信出版社，2015.

［4］秦涛.小山村的大人物陈天桥［J］.光明日报，2007.

［5］王红.肖秀林：我的青春不后悔［J］.华为人，2013.

［6］晓龙.高效工作有七招［N］.青年参考，2004.

［7］李咏梅.基本的职业操守［J］.华为人，2011.

［8］穆鸿.一帘幽梦·半城烟雨［J］.华为人，2012.

［9］伍翎.Fellow 朱：梦想与未来同行［J］.华为人，2013.

［10］德鲁克.你必须成为自己的首席执行官［J］.哈佛商业评论，1999.

［11］小 U.为客户服务的奋斗精神不是传说［J］.华为人，2015.

［12］吴春波.企业文化的核心是高绩效［OL］.华夏基石 e 洞察，2015. http://www.hr.com.cn/p/1423414200.

［13］大卫·德克莱默，田涛.任正非：不要停留在过去，擅与竞争对手合作［OL］.新浪网，2015. http://tech.sina.com.cn/t/2015-11-04/doc-ifxkhqea3013780.shtml.

在现代管理学之父德鲁克看来，人是所有资源中最有生产力、最多才多艺，也是最丰富的资源。它最大的优势在于"具有协调、整合、判断和想象的能力"。

在华为科学的对人的培训之下，华为高效的作战力征服了世界。我们不一定能全盘接受华为的这套系统，但我们一定要知道华为和华为团队的战斗力为什么会如此强大，以及知道我们应该走在怎样的一条大道上。

在《任正非：致新员工书》的写作过程中，作者查阅、参考了大量的资料和作品，部分未能正确注明来源并支付稿酬，希望相关版权拥有者见到本声明后及时与我们联系，我们都将按相关规定支付稿酬。在此，深深表示歉意与感谢。

由于编者水平有限，书中不足之处在所难免，诚请广大读者指正。同时，为了给读者奉献较好的作品，本书在写作过程中的资料查阅、检索搜集与整理的工作量巨大，需要许多人同时协作才能完成，我们也得到了许多人的热心支持与帮助，在此感谢吴新健、李立仕、周永山、吉丽春、文日霞、符容等人，感谢他们的辛勤劳动与精益求精的敬业精神。